Zweiter Weltkrieg

Erlebnisbericht

Schlacht um Monte Cassino

Gustav-Linie – Italien 1944

von

Walter Mönch

»Der Krieg ist die Mutter der Geschichte.«

Napoleon Bonaparte

Dieses Buch ist meinem Vater sowie den gefallenen Soldaten des Zweiten Weltkrieges gewidmet und Mahnung für die Lebenden den Frieden zu erhalten. Das Leid, welches der Zweite Weltkrieg über Deutschland brachte, soll nicht vergessen werden.

Nur wenn die Toten nicht vergessen werden und der Krieg mit all seinen Grausamkeiten im Gedächtnis der Menschen bleibt, können zukünftige Konflikte vielleicht vermieden werden.

Dieses Buch soll zum Nachdenken anregen und nichts verherrlichen oder verharmlosen. Das Buch basiert auf wahren Begebenheiten. Alle Namen, falls es sich nicht um Persönlichkeiten der Zeitgeschichte handelt, sind verändert oder frei gestaltet.

Generalfeldmarschall Albert Kesselring

Oberbefehlshaber
Heeresgruppe C

30.11.1885 - 16.07.1960

Ein deutscher Fallschirmjäger hält Ausschau. Gut zu erkennen der Fluss im Tal. Aufgrund der exzellenten Verteidigungsposition, verpuffte die amerikanische Überlegenheit an Mensch und Material.

Wie im späteren Teil des Buches beschrieben der todesverachtende Abwehrkampf der Fallschirmjäger in den Ruinen des ehemaligen Benediktinerklosters.

23.01.1944 nahe des Rapido: Amerikaner bringen ihre Toten und Verwundeten ins Lazarett. Die Soldaten der U.S. Armee zahlten einen sehr hohen Blutzoll und kamen dennoch kein Stück voran.

Nicht ohne Grund einer der umstrittensten U.S. Generale: Mark W. Clark (in der Mitte des Bildes) Er ließ seine Soldaten sinnlos abschlachten.

Polen, von den Briten in Uniformen gesteckt und ausgerüstet während einer der zahllosen und erfolglosen Versuche den Monte Cassino einzunehmen

So sieht eine "Befreiung", wie in unserer heutigen Erinnerungskultur indoktriniert wird aus. Die Stadt Cassino wurde von den Alliierten vollkommen

sinnlos zerstört. Aus militärischer Sicht, sollte sich dies jedoch als ein Vorteil für die deutschen Verteidiger erweisen. Die alliierten Panzer waren leichte Opfer in den Trümmern. Ihre Wracks blockierten die noch "übriggeblieben Straßen" für nachfolgende Panzer und verhinderten die Möglichkeit massierter Angriffe durch die Infanterie.

Ein StuG III, (Sturmgeschütz III) versteckt in der Eingangshalle des Hotels Continental in der Trümmerwüste Cassino. Das StuG war an allen Fronten eine sehr gefürchtete Waffe! Ironie der Geschichte: Viele von den Sowjets erbeutete StuG III, gerieten nach Kriegsende über Umwege in Besitz der syrischen Armee. Syrien setzte diese bis zum Sechstagekrieg 1967 im Kampf gegen Israel ein.

Zahllose amerikanische Panzer fielen der deutschen Panzerabwehr oder dem Terrain zum Opfer. Die Alliierten machten viele Fehler bei dieser Schlacht.

Militärische Lage

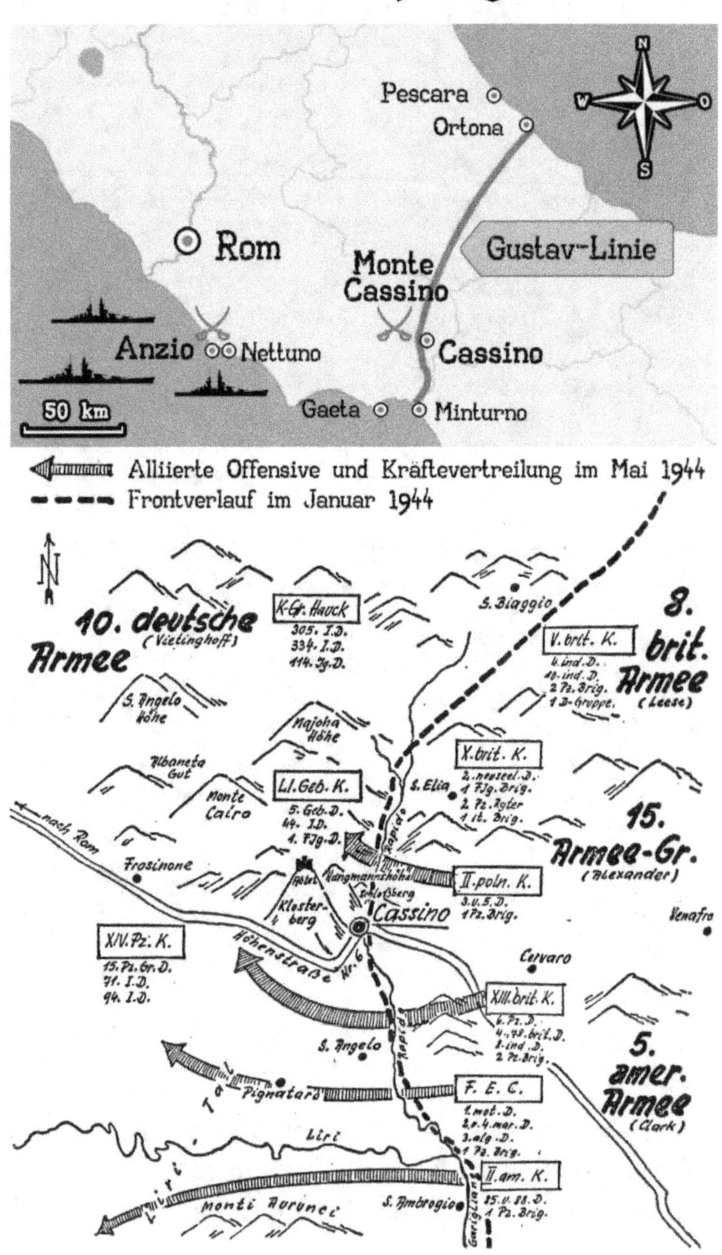

In der oberen Abbildung ist die Gustav-Linie eingezeichnet. Diese verlief im Westen von der Mündung des Garigliano ins Tyrrhenische Meer flussaufwärts über den Monte Cassino bis ins Quellgebiet des Rapido in nahezu 2000 Metern Höhe, zog sich über Roccaraso und den Kamm des Apennin nach Casoli hin und endete an der Adria nahe Ortona.

Aus operativen Gründen waren die westlichen Verteidigungsstellungen am stärksten ausgebaut, um das Vordringen der Alliierten durch das Liri-Tal in Richtung Rom zu verhindern. Die verschiedenen Verteidigungsstellungen sind detailliert der unteren Abbildung zu entnehmen.

Mitten in der Kampfzone lag auf dem Monte Cassino ein 1300 Jahre altes Benediktinerkloster, was jedoch auf ausdrücklichen Befehl Albert Kesselrings nicht für die Verteidigung genutzt wurde. Dies wurde dem alliierten Oberkommando auch mitgeteilt. (An späterer Stelle wird in dem Band explizit auf diesen Umstand eingegangen.)

Vorwort

Im Juli 1943 waren die Alliierten auf Sizilien gelandet. Nach schwersten Abwehrschlachten zum Jahresende 1943, stand die 5. US-Armee zu Beginn des Jahres 1944 vor der Gustav-Linie. In dem für die Verteidigung idealen Berggelände, hatten Pioniere der 10. Armee und die Organisation Todt eine vorzügliche Befestigung angelegt.

Kernstück der Gustav-Linie war der 593 Meter hohe Monte Cassino, von dessen Höhenstellungen aus die Verteidiger die wichtige Fernstraße Nr. 6, die Vormarschstraße des Gegners nach Rom, beherrschten. Alle Brücken und Straßen waren zudem zerstört. Stellungen für Panzerabwehrkanonen (Pak) wurden an taktisch günstigen Punkten errichtet und mit genügend Munition ausgestattet, um einen Angriff mit Kettenfahrzeugen abzuwehren. Minenfelder machten zugleich einen Vormarsch über vermeintlich offenes Land lebensgefährlich, zudem gab es zahlreiche MG-Nester und Unterstände. Die Gustav-Linie war ein Albtraum für jeden Offizier, dessen Truppe hier angreifen sollte.

Auf Hitlers Befehl hin sollte die Gustav-Linie bis zum letzten Mann gehalten werden, um Rom vor dem Zugriff der Alliierten zu schützen. Von Mitte Januar bis Mitte Mai 1944 versuchten die alliierten Streitkräfte in vier der blutigsten Schlachten, auf italienischen Boden, den Monte Cassino zu nehmen und damit das Tor nach Rom aufzustoßen. Deutsche Fallschirmjäger, welche die Bergstellung und später das von feindlichen Bombern zerstörte Benediktinerkloster zäh verteidigten, gaben den Berg erst auf als ihnen die Einschließung drohte und Feldmarschall Kesselring den Rückzug befahl. Im Verlauf der Gefechte wurde Monte Cassino zu eine der blutigsten Schlachten des Zweiten Weltkrieges, aber auch zu einem Begriff soldatischer Tapferkeit der deutschen Streitkräfte.

Auf beiden Seiten verlangte der Kampf um den Monte Cassino höchsten Einsatz und große Opfer. Der einfache Landser verteidigte verbissen und zäh, über dem hinaus was ihm Pflicht und Eid abverlangten. Unter welchen Bedingungen der Abwehrerfolg am Monte Cassino errungen wurde, habe ich basierend auf Tagebuchaufzeichnungen von Veteranen, Material aus Archiven und den Gedächtnisprotokollen eines Angehörigen des Gebirgsjäger-Regiments 85 der 5. Gebirgs-Division, sowie eines Angehörigen des Fallschirmjäger-Regiments 3 der 7. Flieger-Division versucht zu schildern.

Erlebnisbericht

Wir schreiben den 19. Januar 1944. Wachtmeister Zielke stemmte die Ellenbogen in den wässerigen Schnee der Grabenbrüstung, hob das Glas an die Augen und drehte an der Stellschraube. Die Umrisse der Bergkuppen hoben sich jetzt scharf aus dem Nebel, der die Niederungen bis hin zum Horizont überdeckte. »Das sind die Monti Aurunci«, sagte Oberleutnant Hessler mit dem sommersprossigen Jungengesicht, dessen 2. Fallschirmjägerkompanie unterhalb des Klosters am Monte Cassino in Stellung lag. »Der silberne Strich drüben ist der Garigliano-Fluss. Der mündet hinter den Bergen in den Golf von Gaeta. Hier rechts fließt der Liri, von links herüber kommt der Rapido.

Sie vereinigen sich zum Garigliano.« Hessler blinzelte verdrossen in den trüben Januarmorgen hinaus. Das Land triefte in Nässe und Dunst, und die Wolken bauschten sich als weißgraue Kissen zwischen Bergkuppen auf. Im Nebel orgelte die Artillerie. Zielke setzte das Glas ab und schaute Hessler an. »Bei der 94. Infanteriedivision (ID) ist was los. Liegt vor Minturno am Garigliano. Seit vorgestern greift das britische X. Korps an. Kommt schlecht voran. Vermutlich wird das II. amerikanische Korps, das vor uns liegt, bald nachziehen. Wir erwarten stündlich den Angriff. Links vor uns liegt ein französisches Korps.« »Hm. Hoffentlich kriege ich noch genug Zeit, mich einzuschießen. Ist ja eine gute Beobachtungsstelle (B-Stelle) hier mit Fernsicht.« »Wenn gerade kein Nebel ist - und den gibt's fast immer. Und Regen, Schnee und Dreck. Die Stellung hier ist erstklassig ausgebaut von der Organisation Todt. Heißt "Gustav-Linie". Muss laut Führerbefehl bis zum letzten Mann gehalten werden, dieser "stählerne Riegel" vor Rom!« »Hm. Da unten links, das ist die Stadt Cassino?« »Ja. Wenig befestigt. Die Straße Nr. 6, die weiter über Forsinone direkt nach Rom führt, macht hier einen S-förmigen Bogen. Der Berg über der Stadt ganz links ist der Schlossberg, dahinter die Majoha-Höhe, vor dem Schlossberg die Hangmians-Höhe, dahinter der Monte Cairo.

Wir stehen am Monte Cassino, 593 Meter hoch, oben ist das Benediktiner-Kloster. Da hinten, das ist die Sant'Angelo-Höhe.« »Waren Sie mal im Kloster drin?« »Ja, als wir die Kunstschätze wegbrachten. Oberstleutnant Schäfer führte den Transport zum Vatikan. Der Erz-Abt Gregorio Diamare, vierundachtzig Jahre alt, schlug die Bergung der Schätze vor, weigerte sich aber mit seinen Brüdern das Kloster zu verlassen. Drei Soldaten, später Feldgendarmerie, wurden als Wachtposten auf Verlangen des Abtes am Kloster eingesetzt. Jetzt ist kein Soldat mehr oben. Nur die Mönche und einige Flüchtlinge, Zivilisten. Für uns ist die Abtei tabu.« »Hoffentlich auch für die Alliierten.« Er holte Zigaretten hervor, hielt Hessler die Schachtel hin und gab ihm Feuer. »Marketenderware. Hier werden wir also unsere kommenden Tage verbringen?« Hessler nickte und schwieg. »Nennen wir es Pflicht«, sagte er dann und schlug sich den Matsch von den Ärmeln der Tarnjacke. »Ist alles klar? Bin jederzeit im Gefechtsstand erreichbar. Also, auf gute Zusammenarbeit!« Hessler streckte seine Hand hin, salutierte und ging fort. »Alles klar, Herr Oberleutnant, Danke für die Einweisung.« Hessler sah sich um, lächelte und winkte ab. Zielke klappte sein Kartenbrett auf, orientierte sich, sah dabei ab und zu ins Gelände, maß Entfernungen aus, klappte schließlich das Brett zu und stapfte nachdenklich zum Bunker hinüber.

In Gedanken hantierte er mit Koordinaten und Ladungen. Er blieb noch einmal stehen, schnupperte in den Wind, schaute in die tiefhängenden Wolken und dann lange ins Gelände. Von einigen Orten, die weit verstreut lagen, lüftete sich für eine Weile der Dunstschleier. »Castelforte, Sant' Ambrogio, Pignataro Interamna, Sant' Angelo, Cassino. Sant' Elia«, zählte sie Zielke, mit dem Blick den Flusslauf des Garigliano-Rapido abtastend, der Reihe nach halblaut auf, um sich ihre Lage einzuprägen. Dann seufzte er: »Wenn es Zunder gibt, werden wir die Orte mit den schönen Namen verfluchen wie Smolensk, Borodino und Stalingrad. Und morgen denkt kein Aas mehr daran außer den Generalen, die

ihre Memoiren schreiben.« Gustav-Linie! dachte
er... Propaganda wie die Maginot-Linie und
andere Linien auch, die den Feind stören, aber
nicht aufhalten und daran wird auch der Führerbefehl nichts ändern. »Feuerkommando!« rief
er dann in den Bunker hinunter. »Feuerkommando!« wiederholte Obergefreiter Schmieder,
setzte die Kopfhörer auf und schaltete das
Funkgerät ein. Schnell überprüfte er Sammler
und Batterie, kurbelte an der Frequenzeinstel-
lung und rief dann durch das Handmikrofon die
Feuerstellung: »Hier neunundneunzig! Hundert-
drei bitte kommen!« Zielke maß mit dem Messdreieck auf der Karte die genauen Entfernungen
aus und legte sich die Schusstafel zurecht.

»Jentsch«, sagte er dann zu dem zweiten Funker. »Sie gehen mit raus und suchen die Einschläge. Verdammter Nebel überall. Schmieder,
was ist?« »Batterie feuerbereit.« »Gut. Geben
Sie durch: Zweites Geschütz von Grundrichtung
zweihundert, Doppelzünder, Schlüssel neunzig,
vierzighundert, dritte Ladung. Feuerbereitschaft
melden. Los Jentsch, kommen Sie!« Schmieder
wiederholte das Kommando ins Mikrofon, während der Wachtmeister und der Funker nach
oben stiegen. In der Sappe neben dem Unter-
stand warteten sie und äugten in den Himmel.
»Die Sprengwolke muss ungefähr in Höhe der
Bergkuppe liegen«, sagte Zielke. »Hoffentlich
sehen wir sie. Aufpassen!« »Abgefeuert!« sagte
Jentsch, als er den Kameraden rufen hörte.

Zielke nickte, und beide bohrten ihre Blicke in die Wolken. »Da ist er«, sagte Jentsch und streckte die Hand in die Richtung. Eine helle Sprengwolke platzte über dem Rapido und floss dann nach den Seiten aus. »Die Richtung stimmt fast. Geben Sie das Kommando durch: Hundertfünfzig mehr, zweites Geschütz, Aufschlag.« Jentsch rief das Kommando zu Schmieder hinüber, dann warteten sie, bis der Schuss gemeldet wurde, Irgendwo im Nebel der Niederung röhrte der Einschlag, den sie nicht sehen konnten. Zielke ließ noch drei Granaten feuern, von denen die letzte in das Wasser des Rapido peitschte. »Dreihundert zulegen, Kommando festhalten: »Ufer!« sagte Zielke und beendete damit das Einschießen.

Er wusste, dass jetzt der Batterieoffizier die drei anderen Haubitzen nach dem zweiten, dem Grundgeschütz, richten lassen würde. Alle Kommandos lagen fest, und wenn der Feind angriff, würde Zielke nur den Decknamen "Ufer" durchgeben lassen, und die Batterie konnte feuern. Die drei Männer richteten sich in dem kleinen Bunker ein, rollten ihre Decken auf und packten die Brotbeutel aus. »Sieht stabil aus, der Kasten«, sagte Schmieder und befühlte die Betonwände. »Wird vielleicht eine ruhige Sache hier.« »Oder auch nicht«, brummte Zielke. »Die Fallschirmer rechnen stündlich mit dem Angriff der Amis. Unten bei der Vierundneunzigsten ist schon der Teufel los. Seht zu, dass ihr Funkverbindung haltet, klar? Jede Stunde Verständigungsprobe, nachts alle zwei Stunden. Möchte nicht erleben, dass der Ami kommt und wir nicht schießen können.« Er packte seine Schießunterlagen weg: »Gehe mal zum Gefechtsstand Hessler hinüber. Seht zu, dass ihr 'n bisschen Holz organisieren könnt, ist ja saukalt in dem Laden hier.« Als Zielke draußen war, schnallte Schmieder sein Koppel um: »Gucke mich' ein bisschen um, klar? Mal die Lage peilen, damit man weiß, wo man ist. Jeder Fuchs schafft sich ein paar Ausgänge.« Jentsch nickte nur und kritzelte in sein Tagebuch: 19. Januar 1944, B-Stelle am Monte Cassino. Oben das Kloster Ordo Sancti Benedicti, direkt unter dem Himmel, soll kostbare Schriften und Bilder besitzen.

Alles ist ruhig, der Schnee verwässert. Fester Bunker. Hoffentlich mal für längere Zeit! Schmieder kam mit einem Fallschirmjäger ins Gespräch, der am MG-Stand Wache schob. »Wie ist die Lage?« »Beschissen – wie immer. Ari (Artillerie)?« fragte der Gefreite Schreiber, ein langer Mann mit dunklen Augen. »Ja. B-Stelle, da drüben. Heute Nacht gekommen.« »Hm! Urlaubssperre, Sizilien, Salerno, Monte Camino – überall mitgemacht. Jetzt wäre ich dran mit Urlaub – Sense. Vorige Woche war Feldmarschall Kesselring da, Leute von der OT, haben die Stellung inspiziert. "Gustav-Linie" heißt das hier, muss laut Führerbefehl bis zur letzten Patrone gehalten werden. Der Ami ist über den

Volturno vorgerückt und kann jeden Tag angreifen. Hier kriegst du eher ne Kugel ab, als das du Urlaub bekommst. Mist verfluchter!« »Vielleicht passiert hier gar nichts. Es wird zu viel gequasselt – Latrinengeflüster.« Schmieder reckte den Hals. »Würde gern mal in dem Kloster oben rumstiefeln.« Schreiber knetete einen Schneeball: »Kannst's ja mal probieren – die Kettenhunde kassieren dich, bevor du richtig dran bist.« Sie palaverten noch eine Weile, dann stapfte Schmieder durch den glitschigen Graben zum nächsten Bunker. Zwischen Tabakrauch und Kerzengeflacker machte er einige Gestalten aus, die am Tisch saßen und ihre Waffen reinigten. Er salutierte und nannte Namen und Einheit.

»Aha«, sagte ein untersetzter Bursche mit Sattelnase und Ringerfigur, »Ari! Beruhigt immer, wenn die schwere Waffe zur Hand ist. Bin Oberjäger Winter, das ist Gefreiter Hänsch, Jäger Kaune, Dittrich und Barthel. Der Rest der Gruppe pennt oder schiebt Wache. Zigarette?« Er warf eine Schachtel auf den Tisch. »Sind Amis. Nimm dir ein paar raus. Die Artilleristen muss man sich warmhalten.« Schmieder griff ungeniert zu. »Wenn ihr mal was habt, sagt Bescheid – wir sind zu Gegendiensten gern bereit.« Als er den Bunker verließ, trug er Zigaretten und Kaugummi in der Tasche und ein Bündel Holz unter dem Arm, und er dachte: Hier kann man's aushalten.

Im Kreuzgang des Klosters Monte Cassino stellte sich der Erz-Abt Gregorio Diamare vor das hohe Fenster und schaute sinnend ins Tal, das in Nässe und Düsternis schwamm. Matter Schnee leuchtete von der nahen Mauer herüber, und das Trommeln der Artillerie klang drohend aus der Tiefe. Der Prior seufzte und schloss die Hände unbewusst und fester um das Brevier. Es war die Zeit der Laudes, des Morgengebetes und die Mönche huschten in ihren schwarzen Kutten lautlos an Diamare vorüber, verneigten sich und strebten dem Kapitelsaal zu. Die hohe Tür des Dormitoriums fiel mit dumpfem Geräusch ins Schloss. Diamare hob den Kopf und ertappte sich dabei, dass ihm die Gedanken entlaufen waren und irgendwo da unten zwischen den Fronten am Rapido waren.

Sie kennen einander nicht, doch sie bringen sich gegenseitig um. Herr, warum lässt du das zu? Das Kloster, fiel ihm jetzt ein. Was wird werden? Wird es in Trümmer fallen, wenn die Front näher rückt oder wird es wie eine Oase inmitten der Vernichtung überdauern? Was soll ich tun? grübelte Diamare. Bin ich befugt, das Leben meiner Brüder zu gefährden, indem ich ihnen verbiete, das Kloster zu verlassen oder ist es meine Pflicht, sie zum Ausharren in der Abtei zu bewegen? Wer nimmt mir diese Entscheidung ab? »Euer Gnaden!« sagte Bruder Lorenzo, »man erwartet Euch.« »Danke, ich komme. Hörst du das, Bruder Lorenzo?« Er streckte die Hand zum Fenster hinaus. Gemeinsam gingen sie am Refektorium vorbei durch die stillen Gewölbe und der Abt fragte: »Hast du Nachrichten?« »Ja. Die Briten greifen seit zwei Tagen bei Minturno an und...« Lorenzo schwieg und senkte den Kopf. »Und? Was weiter, mein Sohn?« »Die Amerikaner rüsten zur Offensive auf Rom. Der Monte Cassino liegt im Zentrum ihrer Vormarschstraße. Und die Deutschen werden ihn verteidigen.« Diamare nickte, denn die strategische Wichtigkeit des Berges war ihm bekannt, nur den Angriff der Alliierten hatte er für später erwartet. »So? In den nächsten Tagen also wird hier Front sein. Fügen wir uns darin, wenn der Herr es so will.« Er fasste Lorenzo plötzlich am Arm:

»Möchtest du die Abtei verlassen, bevor die Front heran ist?« »Nein, niemals.« »Ich entbinde dich deiner Pflichten – euch alle.« »Nein. Und Ihr?« »Ich bleibe.« »Wir auch. Alle denken so. Sollen wir weglaufen? Da unten sterben stündlich Menschen! Auch sie müssen ausharren.« »Ja. Aber wir sind keine Soldaten. Die Bürde, euch durch Überreden zum Ausharren zu bewegen, kann ich nicht auf mein Gewissen laden, denn es kann Tote geben. Deshalb will ich mit jedem von euch selbst reden. Jeder mag selbst entscheiden ob er bleiben will oder nicht.« »Ja!« Lorenzo öffnete die Tür des Kapitelsaales und lies Diamare eintreten. Der Erz-Abt richtete nach dem Gebet das Wort an die Mönche und

sprach seine Sorgen aus. Granateinschläge zeigten mehr als seine Rede die Gefahr auf, die
ihnen allen drohte. Trotzdem war keiner bereit,
das Kloster zu verlassen. »So möge der Herr
uns und unsere Wohnstätte beschützen«, sagte
Diamare schließlich, »und lasset uns ihn um diesen Schutz im Gebet bitten.«

Feldmarschall Albert Kesselring, seit dem 21. November 1943 zum »Oberbefehlshaber Südwest - Heeresgruppe C« ernannt, hielt eine Lagebesprechung ab. Er trug seine Gedanken wie folgt vor: »Die Feindnachrichten lassen nur den Schluss zu, dass in einer kooperativen Aktion an Land und von See her versucht werden wird, den Riegel der Gustav-Linie aufzubrechen, um dann auf Rom vorzugehen.

Seit dem 17. Januar greift das britische X. Korps Mc-Creery bei Minturno heftig unsere 94. Grenadierdivision an, um die Flanke aufzureißen und den Golf von Gaeta und die Küstenlinie abzusichern. In den nächsten Tagen müssen wir mit dem Angriff der Amerikaner im Zentrum der Gustav-Linie am Rapido und dem Monte Cassino rechnen, der mit einem amphibischen Unternehmen gekoppelt sein wird. Unklar ist noch, wo die Amerikaner ihren Angriff von See her ansetzen werden. Taktische und geländemäßige Erwägungen beschränken den Operationsabschnitt auf das Gebiet um Anzio und Nettuno.

Der Angriff am Rapido soll sicher nur den Zweck haben, unsere Truppen hier zu binden, damit sie nicht an der Landungsstelle eingesetzt werden können« Dann wandte er sich der Karte zu. »Hier Anzio, da Nettuno. Die Gustav-Linie riegelt die Straße Nr. 6 - die Vormarschstraße nach Rom ab. Die Alliierten wissen um unsere Vorteile in den umliegenden Höhenstellungen, um die befestigte Gustav-Linie. Deshalb stürmen sie frontal und gleichzeitig im Rücken unserer Division an. Meine Herren, der Führer befiehlt, dass die Gustav-Linie bis zum letzten Mann gehalten wird...« Der Ia, Oberst i. G. Beelitz, erörterte an Hand der Karte die Abwehrmaßnahmen bis in alle Einzelheiten. In nächtelanger Arbeit und unter Hinzuziehung aller Unterlagen über eigene Verbände und Feindkräfte war der Plan geschaffen worden, wie der Großangriff zu parieren sei.

Noch immer, und wie stets, gab es Unwägbarkeiten, die nicht vorauszusehen sind. Deutscherseits war an der Gustav-Linie viel getan worden. Von Rommel angeregt, legten Festungspioniere und Männer der Organisation Todt, Bunker, Gräben und Geschützstände an. Minen und Überflutungen sicherten Straßen und Niederungen. Artillerie und Nebelwerfer waren so platziert worden, dass ihr Feuer jeden Angriff zerschlagen würde. Infanterie besaß in Höhenstellungen beste Abwehrchancen. Die Generale von Zangen und Feurstein waren für die Verteidigung der Gustav-Linie verantwortlich.

Für Cassino speziell trug der Pioniergeneral Bessell die Verantwortung. Die Flak-Einheiten befehligte General Ritter von Pohl, den gesamten Bereich die 10. Armee unter Generaloberst von Vietinghoff. Trotz eifriger Abwehrvorbereitungen blieb die Überlegenheit der Alliierten spürbar. Abgekämpften deutschen Truppen standen zahlenmäßig stärkere und frische Verbände des Gegners gegenüber. Bei der Artillerie zeigte sich der Feind 10:1 überlegen, und seine Luftflotten konnten fast ungehindert operieren.

Seit dem 3. Januar 1944 tobten die Abschlusskämpfe um die der Gustav-Linie vorgelagerte Stellung.

Am 6. Januar fiel San Vittore in alliierte Hände. Am 15. Januar wurde der Monte Trocchio und Monte Santa Croce von Franzosen gestürmt. Neu zugeführte deutsche Verbände wie die 44. Division Hoch- und Deutschmeister, die 334. ID unter General Böhlke und die 5. Gebirgsdivision unter General Schrank, brauchten eine gewisse Zeit, um sich einzugliedern. Für Kesselring zeigte sich um die Jahreswende der Raum um Rom von Civitavecchia bis Gaeta mit Schwerpunkt in der Campagna als besonders gefährdet durch eine alliierte Landung.

Auf der nächsten Seite können Sie einen Ausschnitt einer originalen Lagekarte vom 02.01.1944 des Oberkommandos der Wehrmacht sehen.

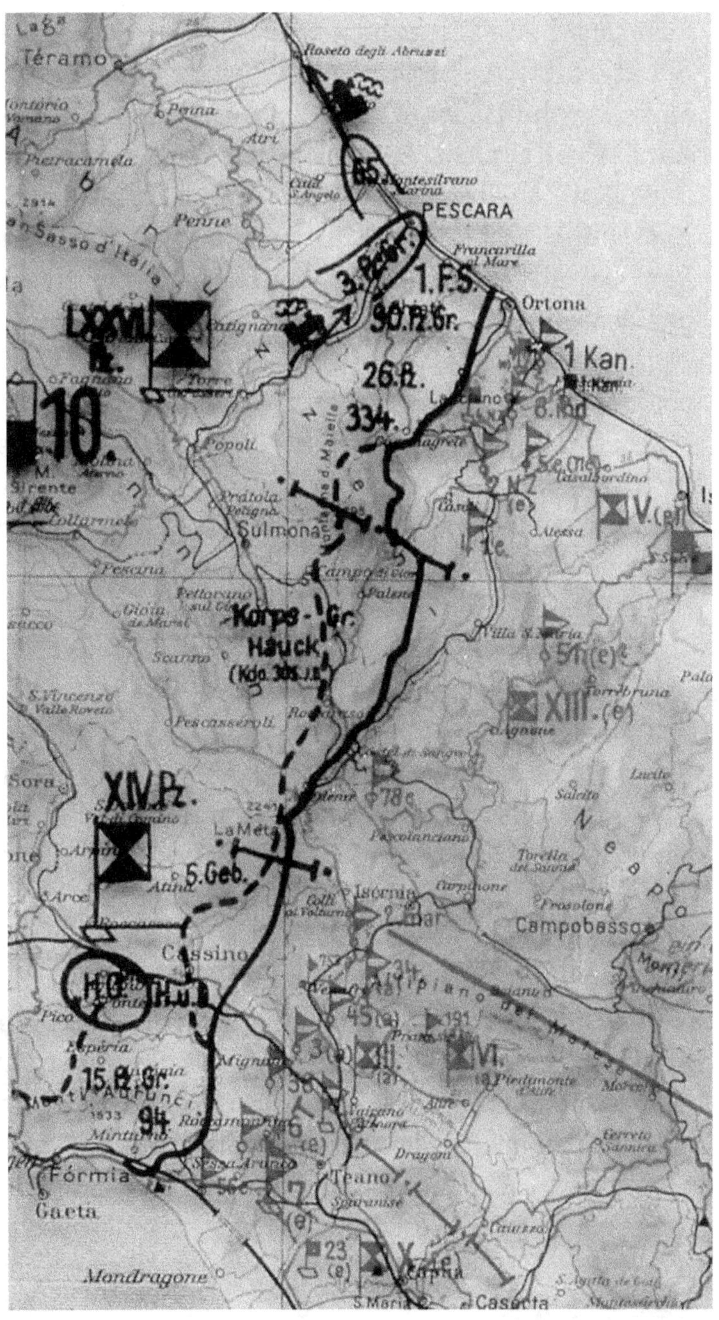

Téramo
Roseto degli Abruzzi
PESCARA
3.Pz.Gr.
1.F.S.
90.Pz.Gr.
26.Pz.
334.
Ortona
1 Kan.
LXXVI.
Pz.
10
Sulmona
Korps-Gr.
Hauck
XIII.(e)
5 n.(e)
V.(e)
XIV.Pz.
5.Geb.
La Meta
15.Pz.Gr.
94
Fórmia
Gaeta
Mondragone
Teano
Campobasso

Feldmarschall Alexander, der OB der alliierten Streitkräfte, so folgerte Kesselring, musste zu einer amphibischen Operation ansetzen, wenn er seine Kräfte nicht im langsamen Vormarsch verschleißen wollte. Und für diesen Fall stellte Kesselring motorisierte Divisionen im Großraum Rom bereit. Die Lage im britischen Angriffssektor jedoch verlangte den Einsatz dieser Reserven. Stabschef Generalleutnant Siegfried Westphal sprach es deutlich aus: »Die schweren Einbrüche der Briten bei Castelforte sind mit den Kräften der Vierundneunzigsten allein nicht mehr abzuriegeln. Wenn wir nicht unverzüglich Reserven heranziehen, werden die Briten am Südlauf des Garigliano festen Fuß fassen und eine mögliche Basis für amphibische Operationen im Golf von Gaeta schaffen.«

Kesselring sah diese Gefahr, er wusste auch, dass die Gustav-Linie dabei am rechten Flügel eine Hauptstütze einbüßen würde und die Gefahr des Einfließens feindlicher Kräfte in den Rücken der deutschen Front bestand. Die 10. Armee aber verfügte über nur schwache Reserven, und stündlich musste mit dem Angriff der Amerikaner im Zentrum bei Cassino gerechnet werden. Im Hauptquartier der 5. US-Armee in Caserta besprach General Mark W. Clark mit seinem Stab die Einzelheiten des bevorstehenden Angriffs über den Rapido, der vom amerikanischen II. Korps (General Geoffrey Keyes) durchgeführt werden sollte.

»Vom Erfolg des Rapido-Übergangs ist die Gesamtoperation gegen die Gustav-Linie und die Operation "Shingle", die Landung unseres britisch-amerikanischen VI. Korps unter General Lucas in Anzio, abhängig«, sagte der fast zwei Meter große General mit dem Adlergesicht. »Am Rapido fällt die Entscheidung. Gelingt es, ihn zu überqueren und in die Festungslinie um Cassino einzubrechen, binden wir Feindkräfte, die sonst am 22. Januar bei Anzio gegen das VI. Korps zum Zuge kämen. Gleichzeitig hätten wir damit das Tor eingeschlagen, das die "Route 6" nach Rom hin verriegelt. Neben dem militärischen wäre dies ein großer politischer Sieg.«

Es ist der Morgen des 20. 01. 1944. Wachtmeister Zielke blickte durch das Scherenfernrohr, blies sich in die klammen Hände und drehte an der Stellschraube. Die feuchte Kälte kroch ihm an den Beinen hoch und er dachte verdrossen, dass er noch eine Stunde bis zur Ablösung warten musste. »Morgen!« begrüßte ihn Oberleutnant Hessler und nahm die Hand an den Helmrand. »Was passiert?« »Morgen, Herr Oberleutnant. Nichts. Absolut nichts. Ich kenne schon jeden Baum da drüben, und jede Veränderung würde mir auffallen.« »Hm. Irgendetwas stimmt da trotzdem nicht. Wir haben heute Nacht zwei Amis gefangengenommen. Sie sagten, dass für heute ein Großangriff angesetzt sei.

V-Männer wollen in Neapel eine Flottenansammlung bemerkt haben. Da tut sich doch was, oder?« »Wenn es kein Bluff ist? Wäre eine ungewöhnliche Zeit, wenn sie jetzt noch angreifen würden. Sieht mir auch gar nicht so aus.« »Seit drei Tagen ist höchste Alarmstufe angesetzt worden und heute Nacht wurde sie abgeblasen. Lauter Widersprüche. Kalt, was? Darf ich mal?« Er deutete auf das Scherenfernrohr. »Klar, bitte.« Zielke rückte vom Sitz, vertrat sich im engen Bunker die Beine und rieb sich die Hände warm. Hessler drückte die Augen ans Okular: »Alles ruhig. Verdammter Nebel! Wird Zeit, dass wir besseres Wetter kriegen.« Er wandte sich wieder von der "Schere" fort. »Naja. Hab' nichts dagegen, wenn es ruhig bleibt. Bis später.« »Bis später.« Dumpfe Schläge knallten plötzlich in die Stille und dann folgte ein pausenloses Rumoren. »Die Offensive!« keuchte Hessler und sprang an die "Schere" zurück. »Klar. Die Schießen wie die Teufel. Der ganze Horizont ist rot vom Mündungsfeuer.« Er machte Zielke Platz, der sich schnell hinter das Okular klemmte. Draußen krepierten die ersten Granaten und ihre Wucht ließ den Boden erzittern. Der Detonationslärm röhrte schauerlich in den Schluchten fort. »Ich muss zu meinen Leuten«, sagte Hessler. »Jetzt geht es los. Also, alles Gute.« »Ja, ebenfalls.« Hessler stürzte in den Graben hinaus, das Schmelzwasser spritzte unter seinen Tritten.

Am Hang hämmerten pausenlos die Granaten und die Luft war erfüllt vom Lärm berstender Geschosse und dem Heulen heranjagender neuer Lagen. Noch etwas mischte sich in den Radau: Flugzeuglärm! Der Oberleutnant riss den Kopf hoch und sah den Pulk in einer Wolkenlücke über sich. »Fliegeralarm!« schrie er Zielke zu und rannte dann durch den Graben weiter. Die Bomber griffen an, belegten Stellungen und Hänge, pflügten die Niederungen um, zerstörten Häuser und Straßen und zogen in starrer Formation wieder ab. Die Flak holte zwei Maschinen herab, die in rauchiger Bahnirgendwo zwischen den Bergen zerschellten. Der ganze Abschnitt um die Stadt und den Monte Cassino kochte in Rauch und Feuer. Der Trommelwirbel pausenloser Abschüsse und Einschläge rollte über das Land. Steine und Splitter rasten umher. Aus rauchenden Trichtern gischteten Erdfontänen und deckten den Schnee zu. In den Bunkern warteten die Soldaten und horchten auf das Klopfen über sich und sie wussten, dass jetzt der Kampf um den Monte Cassino beginnen würde. Solange die Artillerie schoss, griff die feindliche Infanterie nicht an und die Bunker gaben sicheren Schutz. Was aber kam dann? Niemand wusste das. Jeder, egal wie abgebrüht, sorgte sich um sein Leben. »Leute, es ist soweit«, sagte Oberjäger Winter. »Wenn das Trommeln aufhört, greift die Infanterie an. Ich habe Auftrag, euch nochmals an den Führerbefehl zu erinnern:

Die Stellung wird bis zum Äußersten gehalten! Legt eure Waffen bereit!« »Habt ihr's gehört, verdammt? Der Führerbefehl...«, schimpfte Winter. »Ja. Wissen wir doch: Halten bis zur letzten Patrone - wie in Stalingrad. Los, Hänsch, du gibst!« Hundert Meter weiter brütete Zielke über seinen Koordinaten und fummelte mit dem Messdreieck herum. »Hab' ich's nicht gleich gesagt, dass die Leitungen beim ersten Ari-Schlag im Eimer sein werden? So'n Mist, Strippen hierher zu legen. Sinnlos, jetzt auf Störungssuche zu gehen. Kaum geflickt, sind sie wieder kaputt. Macht das Funkgerät klar!« Schmieder und Jentsch hantierten an den Kästen herum. »Hoffentlich sind die auf Empfang«, meinte

Schmieder und rief dann die Feuerstellung. Keine Antwort. »Der Teufel soll sie holen«, fluchte Zielke. »Schlafen die Brüder? Können sich doch denken, dass die Leitungen hin sind. Den Rabatz sie doch auch hören! Na, gute Nacht, wenn wir schießen müssen und haben keine Verbindung.« Es ging auf zwölf. Zeitweise hatte das Feuer nachgelassen, dann kamen die Flieger. Und dann wieder Artillerie. Geduckt liefen die Essenholer los, ließen sich die Kochgeschirre füllen und brachten sie in die Bunker zurück. Die Soldaten löffelten ihre Suppe im Lärm der Granaten, spülten die Kochgeschirre, spielten Karten und warteten. Der Abschnitt glich schon einer Kraterlandschaft und das Gemisch aus Rauch und Nebel lagerte dicht über den Stellungen.

Feuerblitze zuckten darin und rissen an dem Rauchvorhang. »Sollen sie endlich angreifen, verdammt noch mal«, sagte Winter. »Bald wird es finster. Ist schon nach vier.« »Die wollen sichergehen«, meinte Schreiber. »Ist nicht wie bei uns – drei Schuss Ari und dann ran! Die haben Material und Zeit. Ich kann warten...« Alle konnten, mussten warten, wenn es auch an den Nerven zerrte. Bis jetzt hatte es zwei Tote und ein paar Verwundete gegeben. Langsam wurde es dunkel, kaum wahrzunehmen, denn das trübe Wetter war den ganzen Tag über vom Rauchmantel verdunkelt worden. Nun verloren die Umrisse des Geländes alle Schärfe, und die Brandstellen leuchteten heller. Hinter der diesigen, finsteren Wand des Abends trafen die Gegner die letzten Vorbereitungen. Im Hafen von Neapel gingen Briten und Amerikaner, das VI. Korps unter General Lucas, auf die Schiffe, um gegen Anzio auszulaufen. Das XII. Kommando der Luftstreitkräfte, das 124 Einsätze gegen Cassino geflogen hatte, erwartete die letzten Maschinen zurück. Die zwölf Feldartilleriebataillone und die Batterien der 34. und 36. Division feuerten die letzten Granaten aus ihren Rohren.

»Sie greifen an!«, schrie Oberleutnant Hessler. »Es ist soweit. Legen Sie paar Salven auf den Fluss, Zielke.« »Mach' ich, sobald ich Verbindung zur Batterie habe. Leitung kaputt, im Funkgerät die Anodenbatterie alle. Ist zum Kotzen.« »Verdammt! Hoffentlich klappt's bald. Da am Fluss tut sich allerhand. Die Amis wollen es jetzt wissen. Bis später. Muss zu meinen Leuten.« Hessler wollte gehen, da schrillte der Feldfernsprecher und Zielke meldete sich. »Die Batterie - wir können! Feuerkommando "Ufer", schnell, zwei Gruppen! Was ist los? Der Teufel ist los. Schlaft ihr denn da hinten? Schickt mit dem Essenträger eine Anodenbatterie und einen Sammler her!« Zielke wandte sich an Hessler: »Haut gerade noch hin. Gleich ist es soweit.«

»Gut, ich verschwinde!« Hesslers lange Gestalt schlüpfte nach draußen. Im offenen Viereck des Bunkereingangs gleißte der rote Schein einer Leuchtkugel. Die beiden Funker kamen gerade von der Störungssuche zurück. Zielke sah kurz auf und schimpfte: »Was soll ich mit zwanzig Schuss, he? - Sagt der Abteilung, dass eine Großoffensive anrollt.« Er schmiss den Hörer auf den Tisch. »Nicht zu fassen! Müssen erst bei der Abteilung ein paar Schüsse loseisen. Immer das gleiche!« Ein paar Minuten später orgelten die Granaten durch die Dunkelheit heran, über den Bunker hinweg in die Flussniederung. »Batterie eine Gruppe!« befahl Zielke und schob sein Messdreieck auf der Karte herum.

Das Hindenburglicht warf grobe Schatten an die Wand. In Gedanken rechnete der Wachtmeister die Entfernungen nach. »Der Teufel wird uns reiten, wenn die Spritzen zu viel Streuung haben. Dann hauen wir noch in die eigenen Leute. Zu blöd, dass man nichts sehen kann!« Zielkes Sorge war unbegründet. Die Lagen deckten das andere Ufer ein und machten den Alliierten schwer zu schaffen. Bis nach acht Uhr schoss Zielke, dann rückte die Abteilung keinen Schuss mehr heraus. »Dann eben nicht. Leg auf und bimmel ab.« Sie löffelten ihre Suppe, die schon kalt geworden war. Der Essenträger war längst wieder gegangen. Sammler und Batterie standen auf dem Tisch, auch Briefe hatte der Mann mitgebracht. »Ich geh mal zu Hessler rüber«, sagte Zielke und zog los.

Schmieder nickte und las einen Brief. »Meine Mutter schreibt, dass sie jede Nacht im Keller sitzen muss. Schweinerei, Bomben auf Städte zu schmeißen.« Der Gefreite Jentsch kritzelte weiter in seinem Tagebuch: »...Bomben und Granaten den ganzen Tag über auf unseren Abschnitt am Monte Cassino. Großoffensive der Alliierten. Es ist nach acht, und die Infanterie greift an...!

»Kommenlassen«, rief Oberjäger Winter. Er hatte eine rote Leuchtkugel geschossen: Alarm! hieß das, Feind greift an! Das Licht gleißte über die Niederung, und der Rapido glitzerte silbern. Nebelschleier kochten über dem Ufer. Der Motorenlärm der Boote schlug heran und wurde lauter. Die Artillerie trommelte drüben im Dickicht. »Kommen lassen bis auf Sichtweite. Warten, bis ich den Feuerbefehl gebe.« Der Gefreite Schreiber nickte und zog sein MG in die Schulter, während er auf den Lärm horchte. Er wusste nicht mehr, wie oft er schon in ähnlicher Lage den Feind erwartet hatte, im gleichen scheußlichen Gefühl von Ungewissheit, Leere und Angst. »Werde das Gefühl nicht los, dass wir an den Monte Cassino ewig denken werden, falls wir durchkommen.«

Obergefreiter Hänsch legte Handgranaten, Munition und Reserveläufe bereit. Er war nachtblind, deshalb übernahm Schreiber die Waffe als Schütze eins. »Aufpassen!« sagte Winter und rieb sich die Sattelnase. Sie passten sowieso auf, hatten feuchte Hände und verfluchten die Zeit des Wartens. Der Motorenlärm hämmerte vom Fluss her in die Stellung. Dann schoss ein alliiertes Boot aus dem Nebelhervor. Kurz darauf folgten weitere. Winter gab das Kommando und MG-Garben sowie Karabinerkugeln griffen nach den Booten und schlitzten das Wasser auf, wie die scharfe Klinge eines Messers. Ein Gewirr von Leuchtspurfäden strichelte umher und

Leuchtkugeln funkelten milchig durch den Nebel. Eines der Landungsboote erhielt eine volle Garbe und brach auseinander. Die Geschosse des Abwehrfeuers sausten unaufhaltsam mit einem Jaulen dem Feind entgegen. Der Lärm, die vielfarbigen Lichter, die Reflexe des Wassers und der Nebel schufen eine wildbewegte Kulisse, in der jeder Mühe hatte, sich zurechtzufinden. Die Feindverluste waren hoch, immerhin ein kleiner Erfolg. Der Rapido, eisig und reißend, hatte dabei seinen Anteil. Etliche Feinde wurden von ihm mitgerissen und irgendwo gegen die Felsen geschmettert. Die überlebenden Amerikaner, welche das felsige Ufer ausgepumpt und röchelnd erreichten, krochen hinauf und suchten Deckung. Der Abschnitt lärmte und toste!

Wie in einer Anhäufung von Gewittern krachte und blitzte es ohne Unterlass. Es war die Hölle auf Erden! Eine Gruppe Amerikaner schlich sich dicht am Wasser durch das Gestrüpp flussaufwärts. Doch Oberjäger Winter hatte ihre Silhouetten in diesem Chaos bemerkt und hielt die Leuchtpistole schussbereit über der Schulter. »Aufpassen!« Zischend ging die Rakete hoch, zerplatzte und riss ein grelles Loch in die Dunkelheit. »Feuer...!« Schreiber ließ sein MG hämmern und richtete die Leuchtspur auf den Felsgrat, der dort steil zum Ufer abfiel. Im gleichen Augenblick krachten auch Karabiner und Handgranaten. Grasfetzen und Steine wirbelten umher. Im Gewirr von Sträuchern und

Draht gingen die Angreifer in Deckung. Unzählige Bomben- und Granattrichter boten ihnen Schutz. Winter warf Handgranaten, die Schläge zuckten im Boden, und seine Männer wehrten sich verbissen. Trotzdem konnte sich der Feind an einigen Punkten festsetzen. Auch in den Abschnitten der Nachbargruppen tobte der Kampf, als die Amerikaner immer mehr Männer ans Ufer bringen konnten. An einigen Stellen war der Gegner in den vorderen Graben eingebrochen. Mit Booten wurden laufend frische Truppen übergesetzt.

Zur gleichen Zeit sah Erz-Abt Gregorio Diamare den vor ihm stehenden Mönch Lorenzo an. »Euer Gnaden«, sagte dieser, »Verlassen Sie die Abtei! Ein paar Bomben schlugen ganz in der Nähe ein. Es könnte sein, dass...« Diamare winkte ab. »Fliehen? Nein, Sie werden es nicht wagen, das Kloster zu zerstören.« »Ein Fehlwurf vielleicht.« »Dann sei's so. Niemand kann seinem Schicksal davonlaufen, Lorenzo. Ich bleibe.« Vor seinem Zimmer verhielt Diamare noch kurz. »Gedenkt im Komplet der Soldaten und betet für sie um ihr Leben, Lorenzo. Es wird eine unruhige Nacht werden. Eine von vielen, fürchte ich.« Er nickte und zog die Tür hinter sich zu. »Ja, Euer Gnaden.« Diamare verzichtete darauf, die Kerze anzumachen.

Er stellte sich ans Fenster und sah in die Dunkelheit hinaus, Leuchtkugeln zerfetzten den Himmel, und ihr fernes Licht huschte durch den kahlen Raum, wischte über Tisch und Stuhl und ließ das Kruzifix aufleuchten. Die dumpfen Schläge berstender Granaten pochten in die Stille. Flammen zuckten über dem Tal. Der Prior nahm das alles in sich auf und er sorgte sich darum, was aus dem Kloster werden würde, wenn die Front den Berg erklommen haben würde. Er verstand nichts vom Krieg aber er fühlte, dass die Abtei nicht unversehrt aus den Kämpfen hervorgehen konnte. Das Bombardement hatte ihm bewiesen, wie leicht eine Bombe auch hier einschlagen konnte. Er kniete nieder und

betete. Auch die Mönche beteten, während draußen die Soldaten über den Rapido stürmten und
die Granaten die Stille zerschlugen.

Aus der Nähe war dieser Gefechtslärm ohrenbetäubend. Die deutschen MG´s hämmerten gnadenlos auf die Feinde ein und zerpflügen die blutgetränkte Erde. Von Granaten zerfetzte Leiber unter dem flackernden Licht der Leuchtkugeln und die Schwerstverwundeten, welche der Tod schon umklammerte, boten einen schrecklichen Anblick. Durch das deutsche MG-Feuer konnten sich die Amerikaner kaum bewegen, dennoch zogen sie sich nicht zurück. Mit dem Mut der Verzweiflung versuchte eine Gruppe den Hang zu erklimmen und eine MG-Stellung zu stürmen. Ein Soldat wurde von einer Mine zerrissen. Die anderen wurden von einem MG getroffen und fielen in die Tiefe.

Dennoch gab der Feind nicht auf und immer mehr von ihnen erklommen die Felswand. Sie machten sich so flach wie nur möglich und nachdem sie dieses Hindernis überwunden hatten, suchten sie Deckung in den vielen Granattrichtern. Diese konnten leider nicht von dem MG abgedeckt werden, da der Bereich im toten Winkel lag. Zeitweise flackerten Leuchtkugeln über der Stellung und zeigten den langen kahlen Hang, die einzelnen Bunker und Gräben. Sträucher standen als Tarnung umher, dahinter verbargen sich weitere MG-Stände. Unbemerkt blieb das Vordringen der GI´s jedoch nicht. Sie wurden mit Handgranaten und Mörserfeuer ausgeräuchert. Unten am Fluss orgelten Granateinschläge und wühlten im Wasser. Trotzdem setzten die Amerikaner pausenlos über. Etliche Boote waren zerstört worden, viele Soldaten, tot oder verwundet, riss die Strömung mit sich. Es war zwecklos für den Feind – nach wenigen Metern schon brachen alle Angriffe zusammen. Das massive und konzentrierte Feuer riegelte die Stellung ab. In diesem zerbombten Gelände erstickten alle Versuche, in die Gustav-Linie einzudringen. Der Feind versuchte es noch dreimal; dreimal wurde er abgewiesen und ließ eine große Zahl von Toten zurück. Die Sanitäter hatten alle Hände voll zu tun, die Verwundeten zu versorgen. An anderen Landezonen erging es den Amerikanern glücklicher Weise nicht besser. Nur im Vorfeld konnten Plätze gehalten werden, die unter mörderischem Granatwerfer – und Artilleriefeuer lagen.

Gegen zehn Uhr kam der Regimentskommandeur Wyatt nach vorn... Er hatte sich über die Schwere des Unternehmens keine Illusionen gemacht, aber die Ausfälle überstiegen bei weitem die schlimmsten Befürchtungen. Das Wasser färbte sich rot vorn Blut der Toten. Nebelwerfer fauchten in die Nacht und schütteten ihre Lagen mit verheerender Wirkung über dem Fluss aus. Die Hölle brach los. Pioniere arbeiteten am Brückenbau für den Nachschub, aber die deutsche Artillerie zerhämmerte jeden Pfahl und jede Strebe. Laufende, schreiende, fluchende Soldaten hüben und drüben standen am Rapido. Überall Lärm und Tod. Draht, Pfähle und

Steingewirr sperrten den Weg der Angreifer,
Minen gingen mit infernalischem Krachen hoch
und rissen Menschen auseinander. Bis knapp an
den deutschen Graben kamen sie, dann peitschte
ihnen wütendes Feuer entgegen, zerriss die Reihen und trieb die Fliehenden wieder zu Tal. Die
Schreie Getroffener bebten in der Nacht. Wieder konnte man den Feind in die Ausgangsstellungen zurückdrängen.

»Aufpassen!« scheuchte Oberjäger Winter oben seine Männer hoch, wenn sie im Stehen einzuschlafen drohten. »Wenn die Amis erst in der Stellung sind, kriegen wir sie so schnell nicht wieder raus.« Der untersetzte Mann schien Ermüdung nicht zu kennen. Hellwach lehnte er an der Brüstung, hatte die Waffe und Handgranaten neben sich liegen und wartete. Nichts entging ihm, kein Feind vermochte sich ungesehen zu nähern. Oberleutnant Hessler kletterte in die Sappe. »Na, wie, Winter?« »Alles in Ordnung, Herr Oberleutnant. Ein Verwundeter, Streifschuss. Sonst keine Ausfälle.« »Gut. Sie werden halten.« »Jawohl.« »In Ordnung: Die Amis sitzen am Ufer, bauen da nen Brückenkopf aus.

Damit Sie Bescheid wissen: Feldwebel Köhler greift um 00.30 Uhr an mit einem Stoßtrupp. Sie sichern die Flanke und den Gegenstoß, klar?« »Jawohl, Herr Oberleutnant.« Hessler nickte, schlug Winter die Hand auf die Schulter und ging fort. »Mensch, penn nicht!« fluchte Obergefreiter Hänsch und stieß Schreiber an. Sie waren allein im MG-Stand, und die Müdigkeit zerrte an ihnen, Tagsüber die Angriffe, jetzt wieder... Das machte einen fertig. »Reg dich nicht auf. Wenn was ist, weck mich.« Schreiber legte die Arme auf die Grabenbrüstung, lehnte den Kopf darauf und schlief. Nerven hat der, fluchte Hänsch in Gedanken, schläft im Stehen, und rundum wimmelte es von Amis.

Er riss den Kopf hoch, starrte ins Gelände und stieß Schreiber an, der fuhr zusammen, fragte: »Was ist?« »Da!« Winter ließ eine Leuchtkugel hochgehen und gab Schreiber gute Sicht. Schreiber kapierte sofort und feuerte auf den Stoßtrupp, der schon kurz vor der Stellung war. Die Wirkung des MG's war verheerend. Der Stoßtrupp war in Sekunden ausradiert.

Fünfhundert Meter weiter, unten am Fluss, mühten sich die feindlichen Pioniere ab, aus drei zerschossenen Brücken einen Steg zu bauen, um Verstärkungen übersetzen zu können. Granaten der Nebelwerfer fauchten heran und zerwühlten die Ufer, Granatwerfer streuten die Gegend ab, und Artillerie schoss Störfeuer. Fontänen stiegen im Fluss auf, Bäume kippten weg, Balken rissen aus den Verankerungen und sackten mitsamt den Pionieren in die Tiefe. Immer wieder fingen sie von vorn an, eine mörderische Arbeit, die Schweiß und Opfer kostete. Bald zogen die ersten Infanteriekolonnen im Gänsemarsch über den Steg, um sich die Dunkelheit, die brüllende Nacht und unter sich den reißenden Fluss.

Volltreffer rissen die Stege fort, eine Traube aus Menschenleibern fiel, schlug auf, trieb auseinander. Einzelne krochen irgendwo ans Ufer, waren froh, auf eigene Truppen zu treffen, statt in Gefangenschaft zu geraten. Die Einheiten waren in alle Himmelsrichtungen versprengt und verstreut. Die Amerikaner hatten nur ein Ziel: die verdammte Stellung oben! Also Angriff. So stürmten sie, kaum einer kannte den anderen – und starben. Überall Tote, Verwundete und Chaos auf amerikanischer Seite. Keiner konnte die Verwundeten und Toten holen, weil es dann sofort Feuer gab, also lagen sie dort, wo sie gefallen waren. Die Artillerie schoss Störfeuer. Heulend kippten die Granaten aus dem Himmel und verwüsteten das Ufergelän-

de. Die Einschläge krachten schauerlich im Fins-
tern, und die GI's pressten sich fluchend an die
Erde.

Feldwebel Köhler stieß die Faust in die Luft. »Los!« Er kroch aus dem Graben, und die Schar seiner Männer folgte ihm. Schattengleich bewegten sie sich geduckt die Schräge hinunter und schwärmten aus, um sich dann von Trichter zu Trichter fast lautlos bergab zu arbeiten. Oberjäger Winter und seine Männer hielten die Waffen schussbereit, um den Kameraden Feuerschutz geben zu können. Die Artillerie schwieg und eine tiefe Stille breitete sich über den Abschnitt. Der Stoßtrupp arbeitete sich langsam und vorsichtig die Felskante herunter, da fielen plötzlich Schüsse. Ein Landser sackte im gleichen Moment zusammen und fiel schreiend den Hang herab. MP-Garben bellten nun von allen Seiten und Handgranaten krachten. Schreie gellten durcheinander.

Dunkle Gestalten standen sekundenlang scharf gegen den helleren Himmel und tauchten wieder weg. Getrampel, Keuchen, Kommandos, das Peitschen der Schüsse. Es entbrannte ein verbissen geführter Nahkampf. Ein weiterer Landser zahlte mit seinem Leben. Köhler wurde seine MP entrissen, doch konnte er sich dem Amerikaner mit seinem Spaten erwehren. Er traf den Feind mit einem gezielten Schlag in den Hals und dieser ging augenblicklich röchelnd zu Boden. Köhler befahl den Rückzug zur oberen Felskante, welche besser zu verteidigen war. Die Amerikaner, die anfänglich den Überraschungsmoment auf ihrer Seite hatten, versuchten dem Stoß-

trupp von Feldwebel Köhler nachzusetzen, doch
dieser und seine Fallschirmjäger hielten oben die
Felskante und schlugen jeden Angriff ab. Die
Schreie der Verwundeten gellten nervenzersä-
gend durch das Tal. Keine Minute verging, in
der nicht ein oder mehrere Einschläge das Ufer
trafen. Die Gesamtlage vor Ort war vielverspre-
chend. Ganze Züge setzten wieder über den
Fluss zurück, von Gegenangriffen der Deutschen
geworfen. Befehle blieben erfolglos. Verzweifelt
wurde auch wieder angegriffen, aber es gab nur
Ausfälle, denn die Deutschen gaben keinen Meter
Boden her... Langsam versickerten die Stunden,
verflog die Nacht. Allen graute vor dem Morgen, dem Tag. Unmöglich zu halten, aussichtslos, im Hellen etwa über den Fluss setzen zu
wollen.

Die Amerikaner gruben sich ein. Langsam wich
die Nacht. Was im Zwielicht schwamm, gewann
an Kontur und Schärfe. Nebel brauten, feuchte
Kälte stieg vom Wasser auf. Die Männer waren
dreckig bis zur Unkenntlichkeit und erschöpft.
Das Trommelfeuer raste über sie hinweg und
rollte mit den Fluten talwärts. Im Zwielicht
zeigte sich der zerhämmerte Abschnitt mit ge-
borstenem Strauchwerk, Trichtern und Toten.
Nebelwerfer jaulten in den Bergen, und dann
wüteten die Einschläge minutenlang am Fluss.

Südlich von Sant'Angelo hatte ein Teil des 143. Regiments der Amerikaner übergesetzt: Hohe Verluste! Major David M. Frazior, ein Bataillonsführer, nahm die Einheiten über den Fluss zurück, als die Deutschen einen Gegenangriff durchführten.

Von der 36. Division hatten nur zwei Kompanien den Übergang erzwingen können. Gegen Mittag des 21. Januar besprach sich General Walker, Kommandeur der 36. Division, mit General Keyes, dem Befehlshaber des II. Korps. Keyes befahl: Sofortige Wiederaufnahme des Angriffs südlich von Sant'Angelo.

Um 06.00 Uhr setzte das 3. Bataillon des 143. Regiments über den Fluss, nachts zog das 2. Bataillon nach. Beide Einheiten kamen 450 Meter voran — und wurden zurückgewiesen. Das 1. Bataillon wurde zerschlagen.

Auf deutscher Seite waren inzwischen Verstärkungen herangeführt worden: Teile des 104. Panzergrenadier- und 211. Infanterieregiments und der 115. Aufklärungsabteilung.

Das 1. U.S. Bataillon des 141. Regiments behauptete sich jenseits des Flusses und stieß, verstärkt, bis 900 Meter vor, hob zwei Maschinengewehrnester aus und sicherte damit den Flussübergang. Auf zwei Stegen und Bailey-Brücken wurden das 2. und 3. Bataillon am 22.

Januar um 02.00 Uhr nachts nachgezogen. Dichter Nebel, zähe Abwehr der Deutschen, deckendes Feuer der Artillerie. Die Position des 141. Regiments wurde kritisch. Keine Verbindung mehr, die Brücken zerstört. Kommandeur Wyatt bat um Einnebelung des Flusses an einer Stelle, um die Bataillone wieder ans Ostufer zurückzuführen. Walker lehnte ab.

Um 16.00 Uhr, am 22. Januar, griffen zwei deutsche Kompanien das 141. Regiment an und wurden abgewiesen. Der Gegenangriff wurde um 17.00 Uhr wiederholt, das 141. Regiment wurde nahezu aufgerieben. Um 21.00 Uhr trafen nur noch 40 Mann total erschöpft am Ostufer ein.

General Clark, Befehlshaber der 5. U.S.-Armee, traf gegen Abend aus Anzio ein. Dort hatte die Landung stattgefunden. In eine Besprechung mit Keyes platzte die Nachricht vom Untergang des 141. Regiments. Keyes blies den Angriff des 142. Regiments sofort ab. Der dreitägige Angriff der 36. Division war damit zusammengebrochen. Gesamtverluste 1681 Mann!

Nach Kriegsende wurde die verlorene Schlacht am Rapido Gegenstand einer Anklage gegen Clark, mit der sich ein Kongressausschuss beschäftigen sollte. Die Vereinigung ehemaliger Angehöriger der 36. Division beschuldigte Clark, trotz heftiger Proteste des Divisionskommandeurs Walker befahl er den Angriff, der "überflüssig" war und 2900 Mann Gesamtverluste kostete. General Wilson und Feldmarschall Alexander, Clarks Vorgesetzte, gaben Zeugenaussagen ab. Fazit: Der Angriff am Rapido wurde als richtig befunden und Clark rehabilitiert.

Am 25. Januar griff die 34. Division (Ryder) mit drei Bataillonen des 133. Infanterieregiments nördlich von Cassino an, um das Bergmassiv einzukreisen. Auch sie wurden zurückgeschlagen. Ein neuer Angriff fand am Folgetag, dem 26. Januar statt. Auf deutscher Seite befehligte ein Laienbruder des Benediktinerordens, Panzergeneral Fridolin von Senger und Etterlin, die Gustav-Linie. Sein Korps kämpfte wie bei Salerno und am Monte Camino. Die amerikanische 34. und 36. Division bezahlten mit insgesamt 5000 Mann Verlusten einen schrecklichen Preis. Auch das britische X. Korps (Mc-Creery) verzeichnete höchste Verluste.

Am 22. Januar griff das IV. US-Korps (Lucas) mit vier Divisionen auf 200 Schiffen Anzio an: Operation »Shingle« hatte begonnen. Zwar sanken 43 Landungsboote in der rauen See, doch die anderen fanden am Strand Landungsplätze und wenig Widerstand seitens der Deutschen. Kesselring war getäuscht worden, er hatte die Landung weiter nördlich erwartet. Am 25. Januar und 31. Januar erfolgten heftige Angriffe gegen Cisterna und Campoleone. Im Raum des XIV. Panzerkorps um Cassino kämpften die

Kräfte des französischen Expeditionskorps F.E.C. (General Alphonse Juin) mit Bravour. Am 6. Februar war der Höhepunkt der ersten Schlacht um Cassino überschritten. Am 12. Februar trat ein Stillstand ein, den Alexander so kommentierte: »This battle was a German success.« (Diese Schlacht war ein deutscher Erfolg).

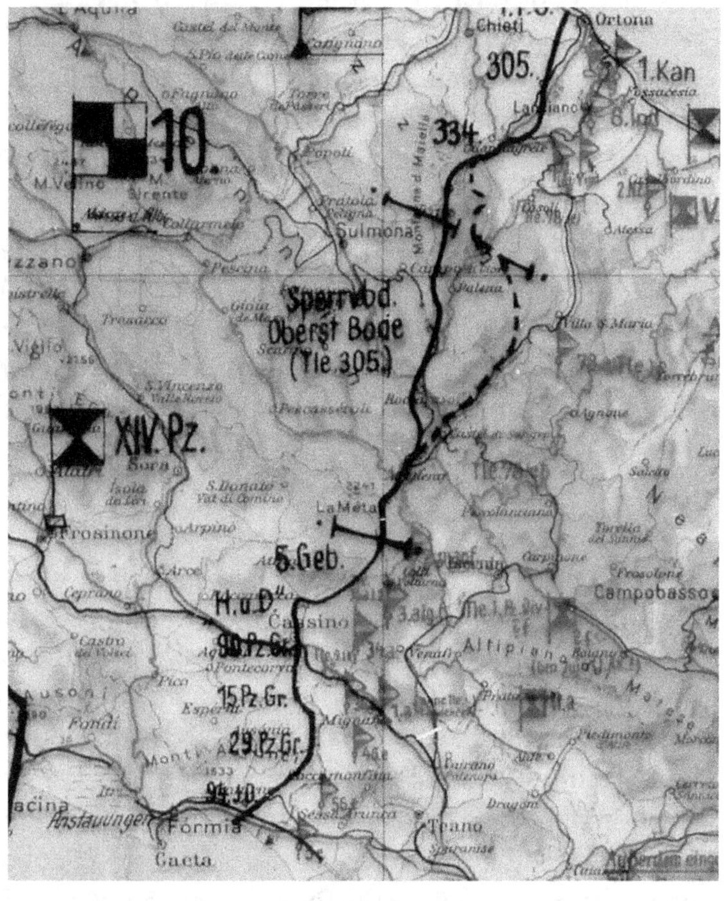

Ausschnitt einer Lagekarte des Oberkommandos der Wehrmacht vom 01.02.1944

Im Brückenkopf Anzio stand das VI. Korps (Lucas) in heftigen Kämpfen. Das Ziel, der Durchbruch zu den Albanerbergen, wurde nicht erreicht. Die Alliierten mussten etwas unternehmen, denn die Anzio-Aktion schien zu verpuffen. Die erste Schlacht um Cassino hatte 10.789 alliierten Soldaten das Leben gekostet. General Lucas kam nicht voran und am Monte Cassino waren wenige Meter Boden teuer erkauft worden. Die Gustav-Linie war kaum angekratzt, geschweige denn aufgebrochen. Feldmarschall Alexander stoppte den rechten Flügel seiner Armeegruppe, zog das II. Neuseeländische Korps (Generalleutnant Bernard Freyberg) heraus und stellte es Clark für Cassino zur Verfügung.

Die 4. Indische Division mit Elitetruppen der Gurkhas (berühmt gewordene Nahkämpfer mit dem Dolch) sollte im Schwerpunkt angesetzt werden. Clark griff sofort zu, musste jedoch seinen Plan der zweiten Offensive gegen die Gustav-Linie dadurch vorverlegen. Die Maßnahmen überstürzten sich. General Lucas wurde abgesetzt und durch General Truscott ersetzt, der auch aus dem Brückenkopf offensiv werden sollte.

Freyberg sollte sofort den Klosterberg stürmen. Freyberg, einst Verteidiger der Insel Kreta, kannte die deutschen Fallschirmjäger und stimmte zu, wenn das Kloster bombardiert würde!

Damit ist eines der umstrittensten Probleme im Geschehen um Cassino berührt: War das Kloster ein Teil der deutschen Verteidigungsanlagen, oder nicht?

Fakt ist, dass kein deutscher Soldat im Kloster zu Verteidigungszwecken war. Clark zweifelt das auch nicht an und ergänzt: »Die Bombardierung des Klosters war nicht nur vom Standpunkt unserer Propaganda aus ein psychologischer Fehler, sie war darüber hinaus auch ein militärischer Fehler erster Größe. Durch ihn wurde unsere Aufgabe nicht nur erschwert, er bedeutete uns auch ein Plus an Menschen-, Material- und Zeitverlusten.« Freyberg bestand auf dem Bombardement, und Clark und Alexander stimmten schließlich zu.

Auf der nächsten Seite oben im Bild zu sehen ist das Kloster in Friedenszeiten. In der Mitte ist es während der Bombardierung abgebildet. Die unterste Abbildung ist das Resultat alliierter Kriegsführung. Die Schändung eines geweihten 1300-jährigen Ortes der in Trümmern liegt.

Am 15. Februar 1944 warfen 142 "Flying Fortress" (Fliegende Festungen) vom Typ B-17 und 112 mittlere Kampfflugzeuge 576 Tonnen Sprengbomben ab. Das Kloster wurde vollständig zerstört, die Kuppe des Monte Cassino umgepflügt. Ein klares Kriegsverbrechen der Alliierten! Erz-Abt Gregorio Diamare und ein paar verwundete Mönche entgingen, zusammen mit wenigen Zivilisten, der Vernichtung. Zahllose Zivilisten, die vergeblich Schutz gesucht hatten, fanden einen schrecklichen Tod.

In den Trümmern gruben sich die Männer des 4. Fallschirmjägerregiments nun unter Graf Wolf-Werner von der Schulenburg ein und wehrten sich verbissen. Freyberg ließ stürmen und wurde abgewehrt. Damit begann die zweite Schlacht um Monte Cassino. Clark behielt recht: In den Trümmern fanden die Fallschirmjäger gute Abwehrmöglichkeiten, und die Alliierten bezahlten jeden Vorstoß mit hohen Verlusten an Menschen und Zeit.

Am 13. Oktober 1945 teilte das amerikanische Auswärtige Amt offiziell dem Unterstaatssekretär beim Vatikan als Rechtfertigung des Bombardements mit: »... die Alliierten Befehlshaber an der Front unwiderlegliche Beweise dafür besaßen, dass das Kloster von Monte Cassino einen Teil der deutschen Verteidigungsanlagen bildete.« Diese "Beweise" wurden zweifelsfrei widerlegt. Tatsache blieb, dass auch die Ver-

nichtung des Klosters Freyberg nicht zum Erfolg
verhalf und den deutschen Verteidigern sogar
zugutekam.

15.02.1944: Der Tag an dem die zweite Schlacht um den Monte Cassino beginnen sollte. Oberleutnant Hessler rauchte und schaute Wachtmeister Zielke an: »Die Amis haben wir abgewehrt, aber die Afrikaner fressen sich wie Termiten immer tiefer in unsere Stellung. Sitzen schon am Belvedere.« »Elite!« Zielke gähnte. »Haben da einen von den Goumiers erwischt. Abschaum! Beschleichen die Posten und schneiden ihnen die Hälse ab.« Hessler nickte. »Seit Tagen warte ich auf Ersatz, er kommt nicht. Wir haben nicht genug Leute, die Posten regelmäßig abzulösen. Wenn sie einschlafen, finden wir sie dann ohne Köpfe.« Er tippte an seine Mütze und ging zum Bunker, wo Feldwebel Köhler auf ihn wartete.

»Schlechte Nachrichten«, sagte dieser. »Was ist los?«   »Truppenbereitstellung   westlich   der Stadt... Sieht nach einem Großangriff aus. Das Bataillon hat eben angerufen und Alarmbereitschaft angeordnet.« »So? Die sollen sich mal nicht ins Hemd machen. Die Leute kommen eh kaum noch zum Schlafen. Naja, wenn's eben befohlen ist. Geben Sie Bescheid, Köhler, aber die Leute sollen in den Bunkern warten, nicht im Graben. Schätze, dass die erst wieder bomben, ehe sie angreifen.« Köhler salutierte und lief hinaus. »Schmieder wohin?« rief er den Funker an, der entlanghetzte. »Zu Oberleutnant Hessler. Schweinerei im Gange!« »Wo, was?« »Die Amis verlassen ihre Stellung am Rapido.« Schmieder stürmte zu Hessler in den Bunker und meldete die Beobachtung. »Hm! Sie hauen ab?« Hessler starrte auf die Wand. »Kann nur einen triftigen Grund haben: Bombenangriff! Die wollen die eigenen Leute nicht gefährden. Sagen Sie Zielke Bescheid, dass sich westlich der Stadt Truppen bereitstellen, Inder oder sowas. Vielleicht könnt ihr mal hinschießen.« »Jawohl. Werde das bestellen.« Schmieder wetzte zurück. Zielke wusste jedoch schon Bescheid und machte sich wie die anderen Artilleriebeobachter zum Schießen fertig. Routinemäßig rechnete er die Koordinaten aus und gab dann das Feuerkommando, das Schmieder per Telefon der Feuerstellung übermittelte. Der Gefreite Jentsch schaute durch das Scherenfernrohr und meldete seine Beobachtungen:

»...etwa eine Gruppe, zieht sich hinter den Felsen zurück. Wieder acht, Moment...zehn, elf, vierzehn Mann, laufen die Schräge hinauf.« »Ja, doch. Schreiben Sie den Mist in die Kladde ein«, knurrte Zielke und fuhrwerkte mit seinem Messdreieck herum. Endlich war es soweit, dass er die Schüsse abrufen konnte. Überall um den Monte Cassino wurden die letzten Vorbereitungen getroffen, wurde Alarm gegeben, um den bevorstehenden Angriff abwehren zu können. Kommandos und Flüche wurden laut. Wieder einmal war es soweit: Kampf! »Alles fertig?« fragte Winter. »Legt eure Sachen zurecht.

Pater Lorenzo beschwor zur Gleichen Zeit im Kloster den Prior: »Euer Gnaden, bitte, verlassen Sie die Abtei, noch ist es Zeit. In wenigen Minuten...« Erz-Abt Gregorio Diamare hob beschwichtigend beide Arme: »Deine Sorge, mein Sohn, rührt mich. Doch ich werde bleiben. Wie könnte ich gehen, wo ich weiß, dass ihr, meine Brüder, und so viele Zivilisten hierbleiben?« »Wir haben sichere Nachricht, dass das Kloster heute Morgen bombardiert wird.« »Wer wird es wagen, eine geheiligte Stätte zu vernichten?« »Sie werden bomben, Euer Gnaden. Unser Verbindungsmann ist absolut zuverlässig. Das Kloster ist militärisch eben wichtig, so meinte er.« Der Mönch riss den Kopf in den Nacken und stierte an die Decke: »Flieger! Sie kommen...!«

Putz fiel von der Decke. Ein Singen drang durch den Lärm, wurde zum Winseln und Heulen: Bomben! Es war ein Beben und Fauchen im Gemäuer, als stürze der Himmel ein. Entsetzensschreie gellten, Todesangst warf die Menschen auf den Boden... Einschlag! Ein grauenvoller Hieb, der erste. Das Dach der Klosterkirche brach ein. Im Wirbel von Feuer und Rauch flatterten Splitter, Steine und Scherben wild umher. Dicker Qualm quirlte durch das Loch himmelwärts, und die Fetzen demolierter Figuren polterten über den Altar. Geröll brach nach und häufte sich auf der Empore. Wie Brandungslärm spülte Motorengebrüll hochziehender Maschinen darüber hinweg. Einschlag! Treffer! Einschlag!

Mauern wankten erst, dann fielen sie. Todes-
schreie erstarben jäh in Staub und Trümmern.
Lärm, Krachen, Heulen und die unbarmherzigen,
grauenvollen Schläge. Kein Himmel mehr, keine
Erde, alles nur ein Wirbeln und Kreisen, ein
Fallen und Sterben. Bombe auf Bombe kam -
und traf. Zerhauene Gebäude, Massengräber.
Erschlagen, zerfetzt, begraben alle, die das
Schicksal abrief. Rauch beizte die Mauerreste,
Feuer fraß Gestühl und Bilder. Steine kippten in
immer länger werdenden Sprüngen zu Tal, als
wollten sie dem Grauen entfliehen. Die nächste
Welle! Die übernächste! Trümmer wurden zer-
trümmert, Tote nochmals getötet - so schien es!
Was längst leblos war, bekam Bewegung, wenn
die Bomben der nächsten Welle die Reste um-
pflügten und neu schichteten. Immer wieder.

Die Kuppe des Monte Cassino wurde umgewühlt,
abgetragen, herausgefetzt. Der Rauchvorhang
deckte sie zu. Schneeflocken spielten darin.
Verhalten knisterten die Feuer und röteten den
Qualm. Lorenzo erlangte das Bewusstsein wieder, biss die Zähne im Schmerz zusammen und
kroch unter dem Mauerbrocken hervor. Der zer-
schmetterte Arm baumelte von der Schulter. Im
Schatten lagen die toten Brüder. Lorenzo schlug
das Kreuz über sie und schleppte sich fort: »Diamare!« Sein Ruf hallte verloren. Nur die Feuer blakten und knisterten. Überall Rauch,
Schatten, Licht, Trümmer und Totenstille. Die
Flugzeuge waren fort. Fern, am Fuß des Ber-

ges, orgelte Artillerie. Der Rauch dämpfte den Lärm. Ein Kind stand plötzlich da, allein, unversehrt. Nur seine Augen schauten groß und verwundert. Lorenzo nahm das Mädchen an der Hand und führte es mit sich. Drei leichtverwundete Frauen tauchten aus den Trümmern auf, ein paar Männer. Niemand sagte etwas, zu groß war der Schmerz. Lorenzo drückte einer Frau das Kind an die Hand und lief weg. Endlich fand er den Erz-Abt, der unverletzt am Boden lag. »Euer Gnaden! Sie leben! Dem Herrn sei gedankt!« Diamare nickte und flüsterte: »Ich lebe, ja. Lorenzo, lass uns fortgehen!« An der Hand des Mönches richtete er sich ächzend auf. »Du. blutest?« Lorenzo winkte ab und führte Diamare ins Freie.

Wenige, die davongekommen waren, fanden sich ein und schleppten die Verwundeten mit. In Reihe zogen die Überlebenden den Berg hinab. Einmal nur blieb Diamare stehen, wandte sich um und sah lange zu den aufragenden Mauerresten hin. Dann stieg er talwärts. Ein Posten rief die Schar an: »Deckung, Leute! Die Ari haut hier rein!« Diamare verstand kein Wort, lächelte nur und stapfte unbeirrt weiter. Nichts passierte. Der Erz-Abt und seine Begleiter kamen unbehelligt aus dem Feuerbereich.

Die Reste des Klosters lagen verlassen da. Der Wind riss im Rauch... »Das Kloster!« Hessler stürzte zu Zielke in den Bunker, als die ersten Bomben fielen. Am Horizont brüllten die Abschüsse der feindlichen Artillerie. Die beiden Männer starrten zur Höhe hinauf. Bomben detonierten, und der Lärm rollte über Täler und Berge fort. Wie von Riesenhand gefällt, barsten die Klostermauern. Steine und Brocken lösten sich aus dem Qualm und kollerten talwärts. »Die Scheiß Amis!«, sagte der Wachtmeister wütend. »Ein Kloster ist heilig! Jeder Christ und anständige Mensch fühlt sich dadurch getroffen. Die Diplomaten werden die Hände ringen. Der Papst wird intervenieren.« »Man wird uns beschuldigen, dass das Kloster ein Teil unserer Verteidigungslinie ist«, meinte der andere.

Am Berg tobte ein Höllenlärm. Bomben und Granaten schlugen wahllos ein. Im Schnee sprangen dunkle Trichter auf. Splitter heulten. Zielke fasste Hessler am Arm und zog ihn in den Bunker. »Hätte ich nicht gedacht«, sagte Zielke, »dass die Amis das machen würden. Denen ist nichts heilig. Muss ihnen verdammt viel daran liegen, hier voranzukommen, wenn sie so was riskieren. Für uns bringt das nur Vorteile.« »Vorteile?« »Klar! Ein Trümmerfeld bietet weit bessere Abwehrchancen als ein Haus. Jetzt können wir die exzellente Position auch nutzen.« Hessler nickte. Granaten krepierten in der Nähe, dann weiter weg. Es hörte sich an, als galoppierten Pferde vorüber. Gestank und Rauch quollen durch den Türspalt herein. »Gibt sicher heute wieder einen langen Tag«, sagte Hessler. »Haben Sie schon geschossen?« »Noch nicht. Erst wenn das vorbei ist und die Infanterie an- greift. Die Geschütze sind schon geladen.« Hess- ler nickte und sah auf die beiden Funker, die ihre Umwelt vergessen zu haben schienen. Von den Einschlägen nahmen sie keine Notiz. »Hört mal«, sagte Zielke. »Wir schießen jetzt nämlich. Ihr merkt gar nicht, dass es draußen wieder still geworden ist, was? Jetzt greift die Infan- terie an. Also los: Feuerkommando!« »Jawohl, Herr Wachtmeister!« Schmieder griff nach dem Telefonhörer.

Jentsch beugte sich über beide Schießunterlagen, Hessler tippte Hänsch an und zwängte sich nach draußen. »Bis später, Zielke. Schaffen Sie uns Luft, ich glaube, heute gibt's allerhand zu schlu- cken.« »Bis später - viel Soldatenglück!« »Bat- terie feuerbereit«, sagte Schmieder. »Gut! Gan- ze Batterie eine Lage.« Schmieder gab das Kommando durch, und Zielke sagte: »Jungs, hal- tet die Augen offen! Heute greifen Elitetruppen an: Gurkhas! Könnte sein, dass die den Ein- bruch in unsere Stellung schaffen.« Die drei Männer waren jetzt nur noch mit dem Schießen beschäftigt. Kommando, Abschuss, Korrektur, neues Kommando.

In der Niederung des Rapido kauerten die Inder in Schlamm und flachem Wasser. Der Feuerschlag traf mitten hinein. Wie Riesentropfen lösten sich die Granaten vom verhangenen Himmel und heulten in die Angreifer. Ein Volltreffer folgte auf den anderen. Das Schreien Verwundeter hing in der Luft. Trichter platzten im Schlamm, Wasser spritzte, Splitter zirpten umher. Boote zerschellten und wieder Schreie Getroffener. Deutsche Nebelwerfer feuerten, Infanteriegeschütze und Pak ebenfalls. Donnerartig raste ein Feuerorkan den Rapido entlang. Am brach Panik aus. Boote schaukelten, Soldaten sprangen hinein. Fontänen stiegen himmelwärts, Einschläge, Splitter, Steinstücke, Tote waren überall.

Motoren jaulten, Waffen bellten. Leuchtkugeln gossen farbiges Licht aus und schufen eine gespenstische Kulisse. MG-Garben sichelten kreuz und quer über den Fluss. Die ersten Inder waren drüben, gingen in Deckung und arbeiteten sich gegen die Stellung vor. In langen Reihen setzten die anderen an mehreren Stellen über den Rapido, von Vorgesetzten gehetzt, gestoßen. Jetzt musste es schnell gehen, jeder Mann wurde rüber gebraucht. Es gab wieder viele Tote. Die Soldaten stürmten über Verwundete hinweg. Die MP's, Handgranaten und Messer waren immer griffbereit. So stürmten sie und starben, rannten und kämpften. Der Fluss färbte sich rot, doch immer mehr überwanden ihn und warfen sich drüben an den Hang. Nebelgranaten setzten milchige Wände vor die Stellung. Vortrupps pirschten sich näher, kappten Drähte und Hindernisse, Bangalore-Raketen schufen Breschen, um den Angreifern Raum zu geben. Hinein, hinauf! MG-Garben zirpten im Nebel. Handgranaten detonierten, Mündungsfeuer und zuckendes Licht wohin man auch schaute. So verging Stunde um Stunde. Oberleutnant Hessler drückte die Augen zusammen und beobachtete. Er sah die Gestalten, die wie Gnome aus dem Nebel kamen, wegtauchten und wieder ins Blickfeld traten, schemenhaft, schnell, lautlos. »Aufpassen! Wenn sie im Minengürtel sind, dann Feuer!« Jeder Mann war bereit.

Regungslos lehnten sie an den Graben währenddessen, den Blick nach vorn gerichtet. Jeder belauerte seinen Abschnitt. Die Fäuste pressten sich um Kolben, Spaten oder Handgranate. Jeder wusste auch, dass die gefürchtetste Truppe der Alliierten angriff, die Elite, die einen Ruf zu verlieren hatte: Gurkhas, Einzelkämpfer, Nahkämpfer, Draufgänger... »Wenn sie erst mal im Graben sind, kriegen wir sie nicht mehr raus«, sagte Hessler wie im Selbstgespräch. »Sind angeblich wie Tiger: wild, tapfer, zäh — Nepalesen. Achtung, gleich...« Der Nebel flackerte. Steinchen rollten, Metall klapperte, Stille. Schatten huschten umher. Eine Detonation knallte, als eine Mine hochging. Der Lärm überlagerte Todesschreie. »Feuer!« rief Hessler und warf seine Handgranaten. Die Männer wehrten sich mit aller Kraft. Der Feuerschlag hämmerte in den Nebel und in die Schattengestalten. Leuchtspurgeschosse zeichneten ein wirres Netz über den Hang. Schreiber feuerte wie wild mit dem MG – jetzt eine Ladehemmung, dann gute Nacht! Metall schepperte, Magazine rasteten ein, Gewehrhülsen klingelten am Boden. Ein Angreifer schwang sich in den Graben, kaum dass die Handgranate detoniert war. Sein Dolch blitzte, stieß zu. Ein Deutscher fiel nach hinten um, mit schreckweitem Blick, auf die Kameraden, die tot an der Grabensohle lagen. Der Inder winkte und eine Gruppe seiner Männer setzte über die Brüstung in die Stellung. Geduckt, gewandt gingen sie vor. Das Grabenstück vor ihnen war leer, nur Tote am Boden.

Die Alliierten feuerten eine Leuchtkugel ab! Zischend stieg die Rakete hoch wie ein sprühendes, farbiges Bündel. Die Angreifer teilten sich, gingen in beiden Richtungen im Graben vor. Wie Wasser den gebrochenen Damm aufreißt, stießen immer mehr Inder in die Lücke... »Sind links eingebrochen!« keuchte ein Melder. Hessler fuhr herum: »Wo genau?« »Zug Sander. Der Feldwebel ist tot.« »Winter, Sie halten hier, klar?« Hessler stieß sich von der Grabenwand ab. »Kaune! Ab zu Feldwebel Köhler: Feind im Graben. Gegenstoß!« Der Jäger Kaune rannte am Gefechtsstand Köhler fast um, der mit einem Stoßtrupp für solche Fälle schon bereitlag. Ein

Handzeichen genügte, und es ging los. Pioniere mit Flammenwerfern pirschten sich an die Einbruchstelle heran, machten im Laufen die Waffe fertig. Rot-gelbe Flammen zischten jäh über den Boden und fraßen sich auf ihm entlang. Brennendes Öl qualmte, schillernde Tropfen dampften im Gras, Nebel, Rauch und Lichter zuckten im schnellen Wechsel. »Köhler!« »Ja? Herr Oberleutnant?« »Holen Sie über den Katzenbuckel aus, dann von links angreifen, klar? Ich ziehe Gruppe Winter von rechts her näher. Los! Parole: "Blau". Damit kein Unsinn passiert.« »Jawohl: Blau!« Köhler dirigierte seine Leute hinter einem Hügel herum auf die andere Seite. Hessler hetzte zu Winter zurück: »Herhören! MG gibt Feuer!

Die anderen mit mir los!« Schreiber schoss Dauerfeuer, während seine Kameraden hinter Hessler herschlichen. Im Graben war es düster. Die Wände reflektierten hin und wieder einen Lichtstrahl. Wasser sickerte in den Boden. Tritte knirschten, Atem keuchte. Der Oberleutnant schlich an der Wand entlang. Er hielt und horchte. Vorn war der Knick. War da was? Er warf eine Handgranate, wartete, sprang dann vor und feuerte von der Hüfte weg. Körper kippten zu Boden. Eine Gestalt schnellte hoch, katzengleich. Hessler schoss. Der Inder fiel. Sein langer Dolch bohrte sich in die Erde. »Beinahe«, sagte der Oberleutnant. »Winter, kriechen Sie mit ein paar Leuten hoch, greifen

Sie dort vorn von oben her an!« Der Oberjäger nickte und zog sich hinaus. Drei Mann folgten ihm. Mit Handgranaten gingen sie das Grabenstück an, wo sich der Feind festgesetzt hatte. Hessler schlug sich mit dem Rest der Gruppe weiter im Graben durch, und von rechts her näherte sich Köhler mit dem Stoßtrupp. Die Inder wehrten sich verbissen, doch sie wurden aus der Stellung geworfen. Die Flammenwerfer heizten den Feinden mit ihren totbringenden Flammen ordentlich ein. Mit Maschinenpistole und Spaten stürmten die Fallschirmjäger den verbleibenden Gegnern, die der Flammenhölle entkamen, entgegen und Mitternacht war der Grabeneinbruch wieder bereinigt.

Einige Inder versuchten über den Hang zu flüchten, doch Schreibers MG kannte keine Gnade. Einige Male versuchten die Inder in dieser Nacht noch, den Berg zu stürmen, immer wieder wurden sie abgewehrt. An ein paar Stellen krallten sie sich in die Erde und warteten auf Verstärkung, um erneut anzugreifen. Immer wieder und wieder. Die indische Division stürmte, aber sie schlug nicht durch. Hessler und seine Männer waren zum Umfallen müde. Keinen Augenblick waren sie sicher. Der verschlagene Feind war überall im Gelände, schlug blitzschnell zu. Im Trichterfeld fand er genug Deckung, sich anzuschleichen. Die Nacht deckte ihn, der Gefechtslärm übertönte jedes andere Geräusch. »Aufpassen, Leute, aufpassen!« sagten die

Gruppenführer und hatten selbst Mühe, die Augen offenzuhalten. Plötzlich waren Schatten vor der Stellung, wuchsen ins Riesenhafte an, Messer blinkten. Die Jäger rissen die Gewehrkolben in die Schulter und hielten die Spaten griffbereit. Stille während der Rauch im Schein der Leuchtkugeln flackerte. Der Abschnitt dampfte im Regenguss, Handgranaten explodierten irgendwo in der Tiefe der Nacht. »Die Nacht der langen Messer«, sagte Hessler schaudernd und nuckelte an der kalten Zigarettenkippe. »Zeit, dass es hell wird.« Er kroch die paar Schritte bis zum Gefechtsbunker zurück und drehte am Feldfernsprecher. Das Bataillon meldete sich. Hessler ließ sich die Lage durchgeben. »Wie?« fragte er. »Halten unsere Stellung, jawohl. Gegenstoß um 03.00 Uhr?«

Er legte auf und kam gerade zurecht, einen neuen Angriff abzuwehren, der in Zugstärke gegen seinen Abschnitt geführt wurde. Im Vorfeld, zwischen Draht und Trichtern, blieben die von Kugeln und Granaten zerfetzten Leiber der Inder liegen. Köhler stieß im Feuerschutz ein Stück den Hang hinunter und säuberte das Gelände, dann besetzte er ein Grabenstück. Es goss wie aus Kübeln, rundum gurgelte und schmatzte der Regen. Die Männer hängten sich die Zeltbahnen um und bargen die Waffen darunter. Der Boden war aufgeweicht, Pfützen füllten die Trichter. Hessler duckte sich und steckte die Zigarette an. Alle nutzten die Gefechtspause. »Zielke?" fragte Hessler überrascht, als der Wachtmeister vor ihm stand. »Hätten ums Haar meinen Bunker kassiert. Scheinen jetzt aber zurückzugehen.« »Scheint so. Um 03.00 macht die Infanterie einen Gegenstoß.« »Bin gekommen, um die Lage zu erfahren. Habe wieder zwanzig Schuss freigekriegt.« »Gut. Von uns ist keiner außerhalb der Stellung.« Zielke tippte an den Helm. »Dann bis später!« Hessler sah ihm nach. Im Osten wurde es hell. Der Alliierte Angriff schlug mal wieder nicht durch. Nach dem Bombardement und dem Artilleriefeuer lag die deutsche Stellung in Rauch und Staub gehüllt. Volltreffer hatten auch hier hohe Ausfälle gebracht.

Wenn die Alliierten sofort angegriffen hätten, wäre sicherlich einiges anders verlaufen. Die 4. indische Division stürmte entlang einem Gebirgsrücken gegen das Kloster, glücklicherweise aber zu langsam! Nur Teile der Division gelangten in Sichtweite des Klosters und Verstärkungen blieben aus. Deutsche Gegenstöße warfen die Inder wieder zurück. In den Ruinen des Klosters gruben sich die Fallschirmjäger ein. Monsignore Gregorio Diamare, Titular-Bischof von Constanza di Arabia und Ordensabt des Klosters Monte Cassino, der mit wenigen Mönchen dem Bombardement entkommen war, zog ein Kruzifix tragend, aus der Kampfzone in eine Niederlassung des Roten Kreuzes bei Colloquio, wo er Unterkunft fand.

Der neuseeländische General Freyberg befahl in der Nacht vom 17. zum 18. Februar den zweiten Angriff gegen den Monte Cassino. Diesmal stürmte das Königliche Britische Sussex-Regiment, um die Höhe 593, nahe dem Monte Cassino, zu nehmen. Das 1. Bataillon allein verlor dabei 13 Offiziere und 130 Mann, der Angriff wurde abgeschlagen. Drei indische Bataillone griffen in Richtung Klosterberg an, während ein Bataillon Neuseeländer von Osten her gegen die Stadt Cassino antrat. Auch hier konnte man den Feind glücklicherweise abwehren. Freyberg litt zudem an Nachschubschwierigkeiten. Motorisierte Transportmittel konnten nicht eingesetzt werden.

Mit 800 Maultieren und 4 Infanteriekompanien als Träger versuchte er das Notwendigste nach vorn zu bringen. Der zähe Widerstand der Deutschen und ihr massiver Einsatz schwerer Waffen kostete den Angreifern höchste Einbußen an Menschen und Material. Genau das Gegenteil dessen trat ein, was Freyberg durch die Bombardierung des Klosters erhofft hatte. In den Ruinen fanden die deutschen Fallschirmjäger beste Abwehrmöglichkeiten. Generalleutnant Fritz Wentzell, Stabschef der 10. Armee, in deren Abschnitt Monte Cassino lag, notierte: »...Zerstörung des Klosters bedeutete keinen Nachteil für unsere Truppen, da bis zu diesem Zeitpunkt keine deutschen Truppen das Kloster besetzt hielten. Im Gegenteil: Gründe, die bisher

bestanden hatten, das Kloster zu respektieren,
fielen nunmehr weg und die Ruinen des Gebäu-
des boten gute Möglichkeiten für Verteidigungsanlagen...« Freyberg blieb erfolglos. Regengüsse
weichten das Gelände auf, Der General erkannte,
dass ein Angriff über die Berge gegen Monte
Cassino aussichtslos blieb, und er erkannte die
hervorragende Abwehrkraft der Deutschen an.
Sein ursprünglicher Plan, Cassino von Norden
her mit Unterstützung starker Panzerkräfte anzugreifen, wurde wieder akut. Jedoch: Das setzte sonniges Wetter und trockenen Boden voraus.
Und es goss in Strömen! Also musste er   ab-
warten. Die Divisionen gruben sich ein. Damit
war die zweite Schlacht am Monte Cassino zu
Ende gegangen.

Hüben und drüben atmeten die Soldaten auf.
Wie lange würde die Ruhepause dauern? Der
Angriff auf die Stadt Cassino wurde für den
24. Februar festgesetzt. Wolkenbruchartiger Regen verhinderte jedoch den Einsatz der Luftwaffe. Der Angriff wurde deshalb verschoben. Auch
im Abschnitt Anzio kamen die Alliierten nicht
voran. General Lucas musste deutsche Angriffe
abwehren. In und um Cassino verstrichen die
Tage mit Vorbereitungen zu neuem Kampf und
Abwehr. Stoßtrupptätigkeit und Artillerieüber-
fälle waren jedoch an der Tagesordnung.

Ausschnitt Lagekarte des Oberkommandos der Wehrmacht vom 12.03.1944

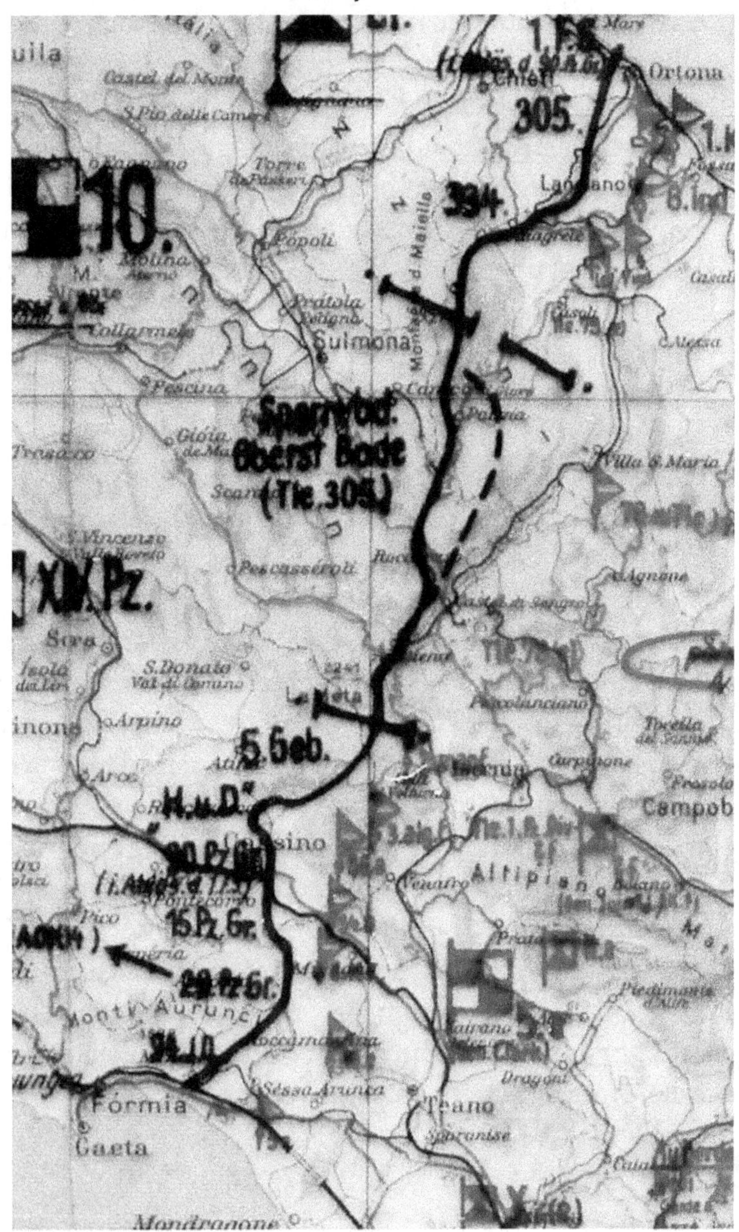

Die dritte Schlacht begann am 15. März 1944. Rund 700 alliierte Flugzeuge warfen dreieinhalb Stunden lang ihre Bomben ab, wobei eigene Truppen, bewohnte Nachbardörfer, Batteriestellungen, ein marokkanisches Lazarett und das Hauptquartier der 8. Armee getroffen wurden. Aus 746 Geschützrohren wurde ein Trommelfeuer auf den schmalen Angriffsabschnitt vorgetragen. Es war die bisher stärkste Feuermassierung auf dem italienischen Kriegsschauplatz. Bis Mittag dauerte das Bombardement, wobei insgesamt 75 alliierte Soldaten durch Fehlwürfe getötet und 250 verletzt wurden. Die Artillerie verschoss in zwei Stunden fast 200.000 Granaten auf die Stadt und den Klosterberg. Der ganze Abschnitt kochte in Rauch und Feuer, die die Sonne verdunkelten.

Dann griff die Infanterie an: 78. britische Division, 4. indische Division und 2. neuseeländische Division. Hinter Trümmern und Barrikaden verschanzt, wehrten sich die Deutschen verbissen. Selbst Elite-Regimenter wie die Rajputs und Gurkhas kamen kaum voran. Mitgeführte Panzer blieben in den zahllosen Trichtern stecken, wurden abgeschossen oder durch Nahkampfmittel zerstört. Die Männer der 1. Fallschirmjägerdivision (Heidrich), die Ort und Kloster verteidigten, schlugen sich um jeden Mauervorsprung, um jeden Stein. Die 6. Neuseeländische Brigade und das 19. Neuseeländische Panzerregiment, die Spitzengruppe zur Stadt hin, legten einen mör-

derischen Weg zurück. Obwohl Heidrich fast
zwei Kompanien durch Beschuss verloren hatte,
hielt er die Stadt. Das 1. Bataillon des 9.
Gurkha-Regiments, dass auf den Klosterberg angesetzt worden war, wurde zurückgeschlagen.
Wiedereinsetzender heftiger Regen brachte den
Alliierten zusätzliche Schwierigkeiten. Die dritte
Schlacht um Cassino wurde am 24. März abge-
brochen. Die geringfügigen Geländegewinne standen in keinem Verhältnis zu den bitteren Verlusten der Alliierten. Alexander meinte dazu:
»Die Widerstandskraft der deutschen Fallschirmjäger ist außerordentlich bemerkenswert. Ich be-
zweifle, dass es auf der Welt eine zweite Truppe gibt, die das überstehen und nachher mit der
gleichen Verbissenheit weiterkämpfen würde wie
diese Leute.«

Freyberg wollte seinen Angriff wiederholen. Am
22. März traten nach vorausgehendem Luftbom-
bardement das Neuseeländerkorps und ein fri-
sches Infanteriebataillon nach Feuervorbereitung
zum Angriff an. Am Abend fluteten die An-
griffskräfte geschlagen in die Ausgangsstellungen
zurück. Freyberg konnte es nicht fassen. In der
Zeit vom 15. bis 23. März zählte das Neuseeländerkorps 1594 Mann Verluste. Bis zum 31.
März, der Aufgabe des Angriffes der Neuseeländer auf Cassino, betrugen die Gesamtverluste
der 5. US-Armee 51.130 Mann. Von Salerno
bis hierher wies die Verlustziffer 37.773 Soldaten auf. Auch die deutschen Verluste waren

hoch, aber gemäß Führerbefehl hielt die Gustav-
Linie noch immer und versperrte den Alliierten
den Weg nach Rom. Alexander gruppierte um:
Ein Großteil der britischen 8. Armee wurde von
der adriatischen Küste abgezogen und im Cassi-
no-Abschnitt eingesetzt, die 5. US-Armee ver-
lagerte westwärts bis zur Küste des Tyrrheni-
schen Meeres. Die Deutschen arbeiteten indessen
fieberhaft am Aufbau der Adolf-Hitler-Stellung,
die als neues Hindernis neben der Gustav-Linie
im Liri-Tal errichtet wurde. Wehrmacht und
Männer der Organisation Todt schufteten in
Tag- und Nachtschicht, gestört von Luftangrif-
fen und Artilleriefeuer, an der Fertigstellung.
Clarks Armee stand in der Front vom Garigliano bis zur Seeküste.

Insgesamt 7 amerikanische, 4 französische und
zwei britische Divisionen besetzten diesen relativ
schmalen Abschnitt. An der Garigliano- und
Südfront lagen die amerikanische 36. , 85. und
88. Division, die Hälfte der 1. Panzerdivision
sowie die 3. algerische, die 2. marokkanische,
die 4. Gebirgs- und die 1. motorisierte Division. Die beiden britischen Divisionen und eine
halbe amerikanische waren um Anzio eingesetzt.
Der neue Offensivplan sah vor das die Britische
8. Armee Cassino nimmt und im Liri-Tal vor-
stößt. 5. Armee greift entlang der Küste an,
um sich mit dem Landekopf in Anzio zu verei-
nen. Wichtige Vormarschstraße für Clark: die
Straße Nr. 7 entlang der Küste, die von Hö-

henstellungen der Deutschen beherrscht wurde. Clarks Absicht musste sein, die Stellungen zu nehmen, ehe er an Vormarsch denken konnte. Französische Gebirgstruppen sollten den Weg freimachen. Zudem war die neue Adolf-Hitler-Stellung noch nicht bis zur Küste hin gebaut, ein Grund mehr für Clark, die Route 7 zum Durchbruch auf Rom zu nehmen. Dabei hoffte er, die Deutschen mit seinem Weg über die Berge zu überraschen. Ausgangsbasis für die Offensive blieb das von den Briten gehaltene Terrain nahe der See am Garigliano. Nach Vereinigung mit dem Landekopf sollte General Truscotts VI. Korps (General Lucas war bekanntlich abgelöst worden) mit dem Ziel angreifen, die Albaner Berge und die Straße Nr. 6 zu nehmen.

Bei einer Besprechung Anfang Mai in Anzio stellte Alexander, Truscotts Aufgabe klar heraus: »Angriff auf die Linie Cisterna-Cori-Valmontone.« Fiel dieser Angriff zeitlich mit dem Vorgehen der Briten im Liri-Tal zusammen, standen die Alliierten im Rücken der deutschen Hauptstreitkräfte und der Adolf-Hitler-Stellung. Die Folge wäre die Einkesselung! Offensivbeginn war für Anfang bis Mitte Mai 1944 geplant. Die Deutschen rechneten nach dem Remis an der Cassino-Front mit einer neuen Großoperation der Alliierten. Die Gustav-Linie wurde weiter ausgebaut, Schäden wurden beseitigt, die Verteidigungsanlagen in die Tiefe gestaffelt und verstärkt. Eine neue Auffangstellung, die

"C-Stellung" wurde südlich von Rom über Avezzano bis zur Adria begonnen, der Tiefenausbau der Stellung bis in die Albaner Berge und Terracina vorangetrieben. Die Seefront zwischen 10. und 14. Armee wurde durch technische Mittel und Überschwemmungsmaßnahmen abgesichert. OB Kesselring rechnete mit einer Offensive der 5. amerikanischen und 8. britischen Armee gegen den rechten Flügel der 10. Armee im Majo-Petrella- und Monte-Cassino-Massiv mit Einschwenken in das Liri-Tal, gekoppelt mit einem Angriff aus dem Landekopf Anzio heraus.

Ziel und Zeitpunkt eines Angriffes der französischen Kräfte blieben unklar. Genügend Flak mit Schwerpunkten im Liri-Tal, Valmontone und Rom, Armeereserven (15. , 29, 90. Panzergrenadierdivision, 26. Panzerdivision), Artillerie aller Art standen für die Abwehr bereit.

Kräfteverhältnis am 11.05.1944

Deutschland	**Alliierte**
22 Divisionen	25 Divisionen
1 Brigade	10 Brigaden
3 Gruppen	11 Gruppen
26 Total	**46 Total**

Hinzu kam, dass eine deutsche Division nur 6 Bataillone (Panzerdivision 4 bis 5), eine alliierte Division 9 Bataillone stark war. Die deutschen Divisionen lagen zudem stark unter ihrer Sollstärke, sodass sich eine fast dreifache Überlegenheit der Alliierten zeigte. Die gegnerische Feuerkraft betrug das fünf- bis zehnfache! Zudem standen 300 eigene Flugzeuge, 5000 auf der Feindseite gegenüber. Zur vierten und letzten Schlacht um Cassino verfuhr Alexander nach einem Wort Horatio Nelsons: »Nur Zahlen können vernichten.« Diesmal wollte er die Materialüberlegenheit voll ausspielen und sich nicht wieder einen überstürzten und falschen Angriffstermin aufdrängen lassen. Mit viel Zeitaufwand ließ er die 8. Armee (Leese) auf dem linken Flügel versammeln und die 5. Armee (Clark) ihre Bereitstellungsräume aufsuchen. Täuschungsmanöver und amphibische Übungen sollten Kesselring glauben machen, dass im Raum Civitavecchia eine neue Großlandung erfolgen würde, und er stellte wirklich nördlich von Rom zwei Divisionen bereit.

Vier Punkte blieben Kesselring unklar:

1. Wann treten die Amerikaner im Brückenkopf zum Angriff an?

2. Wo und in welcher Stärke greift das F.E.C. (Französische Expeditionskorps) an?

3. Wird der Angriff durch eine Luftlandung im Liri-Tal unterstützt?

4. Folgt eine neue Invasion bei Rom?

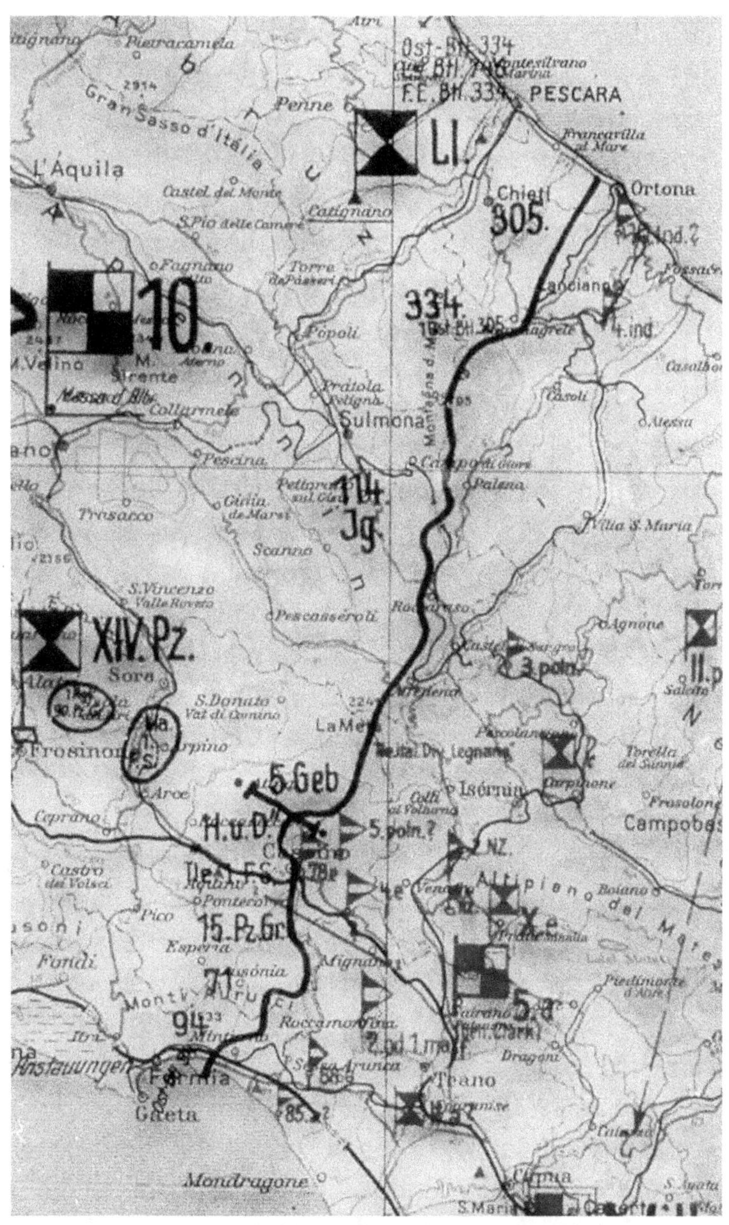

Ausschnitt aus einer Lagekarte des Oberkommandos der Wehrmacht vom 05. 05. 1944

In der Nacht vom 11. zum 12. Mai 1944, um
23.00 Uhr, eröffnete ein Feuerorkan alliierter
Geschütze die 4. Schlacht um den Monte Cassino. Als er verebbte, griff die Infanterie an.
Die deutschen Soldaten krochen aus den Ruinen
und griffen nach ihren Waffen. Oberjäger Winter führte die Neuen auf einem Trampelpfad den
Berg hinauf. Unterwegs waren sie ein paarmal
in Deckung gegangen, wenn in der Nähe eine
Granate einschlug. Der jaulende Ton umherfet-
zender Splitter, das Bersten der Steine vermit-
telte den Jungen die Ahnung des Krieges – des
Todes. Weich und grenzenlos breitete sich rundum die Nacht. Manchmal schraubte sich fern eine Leuchtkugel in den sternenbedeckten Himmel,
und ein Abglanz des Lichtes traf den Weg, ließ
im Tal den Garigliano wie eine silberne Ader
aufblitzen und verging wieder im Dunst.

Es roch nach Erde und Gras. »Daran gewöhnt
ihr euch«, sagte Winter. »Seit Monaten trom-
melt hier die Artillerie. Bomben haben den Berg
umgepflügt. Wir hausen wie die Neandertaler in
Höhlen unter der Erde.« Ohne sich erst zu ori-
entieren, stieg er in das Trümmerfeld ein. Bi-
zarre Mauerreste ragten hoch, leere Fensterhöh-
len fassten ein Stück des Himmels ein, Steine
und Geröllhaufen überall, manchmal eine Stein-
treppe, die nach unten führte, ein stehengeblie-
benes Gewölbe, unter der eine Pak stand. Hinter halbverfallenen Säulen standen Posten wie
Statuen. Irgendwo aus der Erde brachen Ge-

sprächsfetzen, eine Mundharmonika schüttete etwas Wehmut in die laue Mainacht. Grobgezimmerte Schilder und Wegweiser mit taktischen Zeichen standen an den Wegegabelungen. Die Jungen, sechs Mann Ersatz, schleppten schwer an ihrer Ausrüstung und keuchten vom scharfen Aufstieg. Gestern waren sie in Rom ausgeladen worden, mit Lkw hierhergebracht. Jetzt gingen sie in Stellung. Die meisten ihrer Illusionen hatten sich schon unterwegs verloren und als sie im Kloster eintrafen, begruben sie ihre letzten. Hier, das ahnte jeder von ihnen, würde ihnen die Hölle bevorstehen. »Mensch!« flüsterte der Lange, der Jeschke hieß, und dieses Wort drückte alles aus:

Enttäuschung, böses Ahnen, Hoffnungslosigkeit und Angst. »Wartet hier!« sagte Winter und polterte eine Treppe hinunter. »Schöne Scheiße, das hier«, brummte Jeschke, und sein vorstehender Adamsapfel hüpfte aufgeregt beim Sprechen. »Kein Stein mehr auf dem anderen. Dachte an einen Druckposten irgendwo in der Etappe — Essig. Sicher hier die windigste Ecke in ganz Italien.« »Pst!« machte sein Nebenmann, als Winter mit dem Kompanieführer heraufstieg. Die Neuen stellten sich nebeneinander und nahmen Haltung an. »Abend, Männer. Ich bin Oberleutnant Hessler, der Kompaniechef.« Er hielt eine kurze Ansprache, trat von einem zum anderen und ließ sich die Namen nennen. »...hoffe ich, dass sich jeder von euch als guter Kamerad er-

weist und seine Pflicht tut. Mehr braucht hier
keiner zu tun. Aber gerade das ist oft verdammt schwer. Seht euch um! Lauter Trümmer.
Täglich Granatfeuer oder Bomben. Ich hoffe, ihr
kriegt etwas Zeit, euch einzugewöhnen. Wir
rechnen täglich mit einem Großangriff. Wegtre-
ten! Winter, verteilen Sie die Leute auf die
Züge.« »Jawohl, Herr Oberleutnant. Gepäck
aufnehmen und folgen!« Winter stapfte wieder in
das Trümmerlabyrinth hinein. Seit Feldwebel
Köhler gefallen war, führte er den ersten Zug,
Gefreiter Schreiber, jetzt Obergefreiter, hatte
Winters Gruppe übernommen. Obergefreiter
Hänsch war auch gefallen, ebenso die Soldaten
Dittrich und Barthel. Irgendwo zwischen den
Mauerbrocken hielt Winter an und rief:

»Schreiber, rauskommen! Besuch für dich.« Der
Obergefreite kroch auf einer selbstgebastelten
Leiter hoch und unter ihm zwinkerte eine Kerze
aus einem Kellergewölbe. »Zwei Mann Ersatz.
Greif dir welche raus!« »Ihr zwei da, kommt
mit!« sagte Schreiber und kroch wieder hinunter. Es waren die Soldaten Jeschke und Möller.
Die anderen führte Winter zu den übrigen
Gruppen. Schreiber stellte unten die Neuen vor
und wies sie in ihre Plätze ein. »Hört her!«
gab er dann seine Instruktionen. »Wasser ist
hier teurer als Schnaps. Sorgt dafür, dass immer welches da ist. Wo es das gibt, kriegt ihr
gezeigt. Bude ausfegen, Essen holen. Es war ein
langer Katalog, den Schreiber aufzählte. Um elf

trommelte die Artillerie in die Stellung. Höllischer Lärm zerriss jäh die Stille, Steine krachten aus dem Gemäuer und die Kerzen brannten zittrig. Es krachte, jaulte und rummste in einem fort. Die Nacht in der Stellung verlief wie viele andere auch. Es gab keine besonderen Vorkommnisse! Nach Mitternacht trat der Mond aus einer Wolkenlücke. Matt schimmerten die Reste alter Fresken an den Mauern und eine Scherbe glitzerte im Geröll. Über den Niederungen schwamm ein träger Dunst. Dunkelviolett säumten die Bergkuppen den Horizont. Ferner Motorenlärm der Amerikaner wehte mit dem Wind heran. Der Motorenlärm war wie das Rauschen der Brandung. Scheinwerferkegel stocherten in der Dunkelheit herum. Lange Reihen Infanterie zogen vorüber. Sie hatten Angst in den Knochen, ihr Angriff rückte näher. Selbst ein polnisches Partisanen-Korps unter ihrem sogenannten "Generalleutnant" Wladislaw Anders lag ebenfalls in der Cassino-Front.

11. Mai 1944: Schwacher Nebel, leichter Regen. Abends klarer Himmel, Sterne. Sturmtruppen bewegten sich heimlich hinter der Front der 5. und 8. Armee nordwärts in die Bereitstellung.

Um 23.00 Uhr eröffneten 1000 Geschütze von Cassino bis zur Küste das Feuer mit dem Ziel die deutschen Stabsquartiere, Gefechtsstände usw., die durch Fliegerbeobachtungen ausgemacht worden waren, anzugreifen.

Clark notierte dazu: »... dies wahrscheinlich die wirkungsvollste Artilleriebeschießung des ganzen Feldzuges. Feindliche Batterien und lebenswichtige Punkte wurden buchstäblich zu Staub zerrieben...« Innerhalb der ersten 24 Stunden wurden 173.941 Schuss verfeuert!

Dann griff die Air Force an. 1500 Einsätze an einem Tag wurden geflogen! Das Hauptquartier Kesselrings und der 10. Armee wurde dabei getroffen. Die Franzosen setzten über den Garigliano und gingen gegen das Liri-Tal vor. Erbitterte Kämpfe brachen aus, trotzdem eroberten die Franzosen einige Schlüsselstellungen.

Monte Faito, Monte Cerasola und Castelforte. Die 1. Mot.-Division und die 2. Marokkanische Division nahmen den Monte Girofano und stießen auf San Appolinare und San Ambrogio vor. Nach zweitägigen heftigen Kämpfen drang die 2. Marokkanische Division in die Gustav-Linie ein.

Nachts schwärmten die messergewandten Goumiers über die von Deutschen besetzten Hügel. Cerasola, Monte d'Oro, San Giorgio, Ausonia und Esperra fielen leider in die Hände der Feinde. Am 16. Mai stand das F.E.C. 16 Kilometer vor der übrigen Front beim Monte Revole. Mit Maultierkolonnen und in Eilmärschen trieb der französische Partisanen-General Juin seine Truppen vorwärts.

Das II. amerikanische Korps kam über den Monte del Bracchi und Santa Maria Infante auf Itri schlecht voran. Erst zwei Tage später nahm das Korps Spigno, hinter der Gustav-Linie.

Die Deutschen hatten sich mit Teilen auf die Adolf-Hitler-Linie abgesetzt. Die 71. und 94. Panzergrenadierdivision erlitten hohe Verluste.

Die Briten kämpften erfolglos am Monte Cassino. Heidrichs Fallschirmjäger fochten verbissen wie eh und je. Erst eine Woche nach Offensivbeginn, am 18. Mai, nahm das polnische Partisanen-Korps die Ruine kampflos in Besitz. Kesselring befahl Heidrich den Rückzug um eine Einschließung zu verhindern.

Das britische XIII. Korps, das Cassino im Süden umging, schaffte in vier Tagen nur drei Kilometer und verlor dabei 4056 Mann. Am 17. Mai kam OB Alexander an die Front, um mit Clark den Anzio-Ausbruch zu besprechen. Beginn sollte die Nacht des 21. Mai werden. Ziel: Cori-Valmontone. Die 36. Division wurde nach Anzio eingeschifft. Clark wollte erst später von Anzio her angreifen, weil die britische Achte im Liri-Tal schlecht vorankam.

Die amerikanische Fünfte war gerade zum Durchbruch der Adolf-Hitler-Stellung bei Fondi angetreten. Am 22. Mai drang die amerikanische 88. Division nahe Fondi bis zum Monte Monsivardi. Teile stießen hinter der Hitler-Linie bis Volsci, Vortrupps der 85. Division standen vor Terracina an der Küste. Truscott eröffnete mit 500 Geschützen am Morgen des 23. Mai seine Offensive in Anzio. Bomber und Panzer rollten zum Angriff.

Die 1. Panzerdivision, die 3. Division und Spezialtruppen nahmen am 24. Cisterna, drängten die deutsche 362. Panzergrenadierdivision zurück und strebten den Albaner Bergen und Rom entgegen. Der deutsche Widerstand zerbröckelte, erschöpfte sich in verlustreichen Rückzugskämpfen und - märschen, wo die alliierte Luftherrschaft voll zum Tragen kam. Die Gegner meldeten 9018 Gefangene.

Am 25. Mai erreichte die 3. Algerische Division San Giovanni. Truscotts 34. , 36. und 45. Division war im Vormarsch auf Velletri und Core-Valmontone. Beim Dorf Borga Grappa, halbwegs zwischen Anzio und Terracina, trafen die Vorhuten der alliierten zusammen. Die Vereinigung mit dem Landekopf war unglücklicherweise geschafft! Das große Ziel, Rom war nicht mehr weit entfernt!

Wie aber zeigte sich die Entwicklung der Lage aus der Sicht der Deutschen? Am 12. Mai waren das AOK 10 und das Generalkommando XIV durch Bombeneinwirkung ausgefallen, Kesselring besaß keine Verbindung zu diesem Panzerkorps. Nach heftigen Kämpfen ging die Truppe planmäßig im Abschnitt Liri-Tal-Monte Cairo auf den gut ausgebauten Senger-Riegel zurück. Die 71. und 94. Division erlagen der Übermacht, das Vorgehen des F.E.C. konnte auch von der 26. Panzerdivision nicht mehr gestoppt werden.

Die falsch eingesetzten Reserven der 94. Division brachten den Franzosen am Petrella-Massiv Vorteile. Der rechte Flügel des XIV. Panzerkorps war zerbrochen, aber der linke im Bereich des LI. Gebirgskorps und am Monte Cassino hielt. Kesselring befahl der 1. Fallschirmjägerdivision persönlich den Rückzug, um den Zusammenhang des XIV. Korps zu wahren.

Die Fallschirmjäger gaben "ihren" Berg frei für die nachrückenden Polacken. Die Widerspenstigkeit der Fallschirmjäger hatte eine rechtzeitige Zurücknahme des LI. Gebirgskorps verhindert. Jetzt musste das XIV. Korps, um den Zusammenhalt der Front zu wahren, länger als es taktisch erwünscht war, in den Zwischenstellungen halten. Daraus wieder ergab sich, dass die Reste der 15. Panzergrenadier-, 71. und 94. Infanterie-, sowie die 305. Infanterie- und 26. Panzerdivision den Senger-Riegel nicht halten konnten.

Das Schicksal der 10. Armee schien besiegelt und ein weiteres Vordringen der 5. US-Armee musste auch die 14. Armee aus den Angeln heben. Kesselring geriet in eine Zwangslage. Trotz Protestes der 14. Armee setzte er die 29. Panzergrenadierdivision bei der 10. Armee ein, um am 20. Mai die Frontlücke zu schließen. Mackensen hielt die Division zurück, gab sie verspätet frei, doch die Chance war verpasst.

Die Amerikaner vereinigten Offensiv- und Invasionskräfte. Kesselring erließ eine neue Gefechtsstreifenverteilung. Die 14. Armee hielt die Linie Sperlonga-Fondi-Frosinone-Varmontone. Mackensen gruppierte um. Die 334. ID wurde von der 10. zur 14. Armee detachiert, die Division »Hermann Göring« zum Brückenkopf angesetzt. Sie kam zu spät!

Truscott schlug schon am 23. Mai los. Wirksame Gegenmaßnahmen wurden verschleppt, verzettelt, sodass Kesselring einen Kommandowechsel im Armee-Oberkommando der 14. Armee durchführte: Eine Lücke, die am 23. Mai ein Batail-

lon hätte schließen können, weitete sich bis 31.
Mai gefährlich aus, führte zur Umfassung eige-
ner Verbände und gab den Weg auf Rom frei!

Kesselring schrieb: »Ein Jammer, dass die vor-
bildlich kämpfenden Divisionen am rechten Flügel
und in der Mitte (4. Fallschirmjäger-Division)
keine gleichwertigen Partner am linken Flügel
hatten.« Die 10. Armee focht zäh in Rückzugskämpfen, hielt Führung mit der 14. Armee und
führte ihre Truppen auf der Gebirgsstraße über
Subiaco nach Tivoli.

Die Großkampftage vom 12. Mai bis 04. Juni
1944 endeten mit der kampflosen Aufgabe von
Rom, der "offenen Stadt". Die Alliierten erran-
gen einen großen Sieg, den sie aber glücklicherweise nicht nutzten! Anstatt Truscott auf
Valmontone vorstoßen zu lassen, die Fernstraße
6 und den Rückzug der 10. Armee (Vietinghoff)
abzuschneiden, führte Clark das VI. Korps an
den Albaner Bergen vorbei nach Rom. Macken-
sens 14. Armee entging somit ebenfalls der
Vernichtung.

»Grabt, Leute, Schweiß spart Blut«, sagte Oberjäger Winter. Er selbst buddelte wie ein Maulwurf und sein brauner Rücken glänzte in der Sonne. Obergefreiter Schreiber spuckte nur verächtlich aus und spielte mit einem Grashalm. »Also, wie ist das nochmal: Komplementärfarben sind...« »...ist zum Kotzen«, schimpfte Winter. »Reden von Malerei und stehen dabei rum. Was nützt dir eine "Kompliment-Farbe", wenn die Amis stürmen?« Soldat Jeschke, verhinderter Kunststudent, war in den Anblick eines wilden Mandelbaumes vertieft. Mitten im Geröll steckte er seine rosa Blüten in die klare Luft. Seltsam, dachte Jeschke, nichts stört den Rhythmus der Natur. Aus Trümmern kommt neues Leben.

»Jeschke! Grab, du langes Hemd!« Der Lange erschrak und schaufelte, mit sich und der Welt hadernd. »Lass' ihn, ja?« schimpfte Schreiber. »Du verstehst von Kunst so viel wie ein Ochse. Guck' dir die Fresken da am Mauerrest an, na?« »Und? Ein guter MG-Stand, finde ich.« Schreiber zuckte die Achseln und gab es auf. Zu Jeschke sagte er: »Kannst du mir das Porträtieren beibringen?« »Solche Schweinereien reißen in meiner Gruppe nicht ein«, wetterte Winter und fluchte als die beiden lauthals lachten. Schreiber klatschte dem verärgerten Oberjäger auf den Buckel: »Pass auf! Der macht von dir ein schönes Bild. Umsonst!« Winter fuhr sich mit dem Finger die Nase entlang: »Wenn es das ist? Vielleicht kann er die Nase grade malen, die gefällt meiner Anna auch nicht.« »Lässt sich das machen, Jeschke?« »Jawohl.« »Gut. Wann fängst du an? Gleich?«- »Kaune!« brüllte Winter und als der Bursche vor ihm stand: »Knarre umhängen, auf Posten, klar?« »Jawohl, wohin?« Winter zog Kaune am Bein zu sich herunter und flüsterte: »Nur so. Lehn dich drüben an die Mauer und wenn der Alte kommt, hustet du, einverstanden?« Kaune nickte und schob los. Schreiber hatte inzwischen Papier und Bleistift besorgt, Jeschke wies Winter einen Platz zu und rückte den Kopf des Oberjägers zurecht: »Profil ist besser als en face.« »Lass die Kraftausdrücke«, sagte Winter, »und fang endlich an. Wenn du nicht kannst und mich verarschst, fahre ich mit dir Schlitten.«

Schreiber brachte das Zeug und Jeschke legte los, kniff die Augen ein, peilte mit dem Stift, warf Striche aufs Papier, peilte wieder, zeichnete. Winter saß eisern da, drückte seinen Bizeps heraus, der gar nicht gefragt war und glotzte gegen eine Mauer. »Was fummelt der immer mit dem Stift in der Luft rum? Weißt nicht weiter, was?« »Ruhe!« donnerte Schreiber. »Brust raus, Hände anwinkeln, Luft anhalten, Augen still!« Er stieß Jeschke in die Seite, und beide feixten. Neugierige kamen heran. Ein Stabsgefreiter brummte: »Mensch, Winter, willst wohl zum Film, was? Fällt schwer, mal das Maul halten zu müssen, wie?« »Ruhe!« »Du sitzt in einem Ameisenhaufen, Mann!« Winter sauste hoch. »Hinsetzen!« schimpfte Schreiber. »Nicht atmen.« Alle warteten, bis Winter rot angelaufen war. »Kann nicht mehr, verdammt!« »FLIEGERALARM!« gellte es jäh durch die Stellung. Alle wetzten davon. Winter kam heran: »Zeig her!« Er besah sich sein Konterfei. »Großartig, Mann, das schicke ich' der Anna. Brauchst auch heute dafür mein Kochgeschirr nicht sauberzumachen, klar? Jetzt nichts wie weg.« Im Nu hatte er seine Klamotten gepackt und stieg als letzter Mann in den Keller hinunter. Dort vertiefte er sich in das Bild. Draußen tobte die Hölle. Bomben krachten, die Wände bebten. Eine Wolke aus Staub und Rauch hüllte die Stellung ein und legte sich vor die untergehende Sonne.

Unterstände wurden zertrümmert, Gräben zugeschüttet, Soldaten getötet. Eine Stunde lang rammten die Bombenhiebe die Erde. Die letzten Mauerreste brachen, das Gelände wurde erneut umgepflügt. Alle Telefonleitungen rissen, die Kuppe des Monte Cassino bebte im Inferno des Angriffes. Es war dunkel, als die Flugzeuge abdrehten und in den Sternen verschwanden. Nebel und Staub wälzten sich langsam talwärts. »Schätze, es geht mal wieder rund«, sagte Schreiber und sah sich draußen um. »Fürchterlich«, meinte Jeschke, noch ganz benommen und klaubte den abgerissenen Mandelbaum vom Boden. Die Blüten lagen kühl in seiner Hand. Jeschke schaute den Sanitätern nach, die Verwundete vorbeitrugen und das schien ihm wie ein böses Omen. Jeschke schüttelte den Kopf und ging hinter Schreiber her in den Keller. Winter beguckte sich noch immer im Kerzenlicht sein Bild. Er begriff nicht, dass Jeschke sowas konnte und beim Buddeln machte er schlapp. »Pack's endlich fort, Mann«, sagte Schreiber. »Hm!« Winter legte das Blatt behutsam in seinen Schreibblock und verstaute diesen sachte am Boden des Wäschebeutels. »Morgen schreibe ich gleich der Anna. Am 12. Mai hat sie Geburtstag. Die wird sich über das Bild freuen.« Er klopfte Jeschke auf die Schulter: »Kannst was. Schade, dass du als Soldat ne Flasche bist.« »Gruppenführer zum Chef!« brüllte oben ein Melder. Winter schnallte um und enterte dann die Leiter hoch.

Im Geröll eilte er dann zum Gefechtsstand. Oberleutnant Hessler schaute Wachtmeister Zielke an: »Ich freue mich, dass Sie wieder bei mir aufkreuzen. Die Sache hier stinkt wieder nach Offensive.« Zielke nickte: »Wird allerhand gemunkelt. Naja, habe diesmal allerhand Schüsse bewilligt bekommen. Haben neue Geschütze gekriegt und Munition. Was an uns liegt, wird getan.« Hessler lächelte und sah dem Wachtmeister und den beiden Funkern nach, die ihre Kameraden auf der B-Stelle ablösen gingen. Die Leitung zur Feuerstellung war wieder geflickt, die Verständigung klappte. »Haut euch hin«, sagte Zielke, »Ab 22.00 Uhr, jede Stunde Verständigungsprobe, klar? Falls was ist.« Obergefreiter Schmieder nickte und streckte sich ächzend auf der Pritsche aus. Gefreiter Jentsch übernahm die erste Wache und als auch Zielke sich hinlegte, rückte er sein Tagebuch an die Kerze heran und schrieb: »11. Mai 1944, abends halb zehn. Herrliche Nacht, lau, Sterne. Wieder auf B-Stelle am Monte Cassino. Es wird von einer neuen Offensive der Alliierten geredet.« Er sah einer Mücke zu, die in die Flamme fiel und verschmorte. »Durch Gefangenenaussagen wissen wir, dass die Alliierten noch in dieser Nacht ihre Offensive beginnen«, sagte Hessler zu den versammelten Zug- und Gruppenführern. »Unsere Gegner haben 'ne Menge Truppen und Material angekarrt. Diesmal wollen sie es wissen.«

Er ging dann auf die Einzelheiten der Verteidigung ein und als die Unterführer den Gefechtsstand verließen, wussten sie, dass die vielleicht härteste Schlacht um den Berg bevorstand. In den einzelnen Gruppen wurden Waffen bereitgelegt, Munition gegurtet, Handgranaten verteilt und letzte Instruktionen gegeben. »Geht die Neuen an«, sagte Winter als Zugführer in den einzelnen Bunkern. »Richtet euch danach, was die "Alten" machen: Bloß keine Panik, klar? Macht lieber in die Hose, aber lauft ja nicht weg. Wenn der Feind mal in der Stellung ist, kriegen wir ihn schlecht wieder raus...« Schreiber übte Striche, Jeschke korrigierte. Sie ließen den Oberjäger erst eine Weile räsonieren, dann spielten sie Karten. Jeschke stand auf, weil er den Posten, seinen Freund Möller, ablösen musste. Einige Zeit später stapfte er draußen auf und ab. Ein wuchtiger Knall röhrte vom Horizont herüber und Jeschke wirbelte herum. Glutrot gleißte der Himmel, zuckte jetzt immerfort in neuen Blitzen. Wie Hammerschläge rollten die Abschüsse durch die Nacht. Jeschke hatte so etwas noch nie erlebt. Er stand wie erstarrt und stierte in die Weite. Dann trafen die Granaten die Stellung. Die Bergkuppe zitterte wie in einem Erdbeben. Himmel und Erde hallten wieder vom Lärm der Granaten. Der weite Raum schien eine dröhnende Glocke. Der junge Soldat ließ sich fallen. Er krallte sich ins Geröll.

Ein Einschlag wirbelte Dreck, Steine und Splitter auf. Rauch und Corditgestank lagen in der Luft. Ganze Serien von Granaten kippten von der Höhe und bohrten sich brüllend in den Boden. Der Jäger ächzte in Angst und Verzweiflung, schrie auf und lief mit klappernden Zähnen die paar Meter bis zum Keller, fiel hinab. Schreiber hob ihn auf und schob ihn neben sich auf die Bank: »Gut, alles gut. Hast Schwein gehabt, Mensch. Hier drin bist du sicher.« Winter stieg hoch und zerrte die schwere Eichentür über das Einstiegloch. Draußen tobte der Feuerorkan und fetzte in den Trümmern. Überall in der Stellung hatten sich die Männer verkrochen. »Ich halte das nicht aus!« schrie Jeschke plötzlich, den das Trommelfeuer aushöhlte. »Denk nicht dran, hör nicht drauf«, riet Schreiber. Jeschke überwand seine Angst und er begriff jetzt, was die Kameraden bisher ausgehaltenhatten, was sie so hatte werden lassen: die Allgegenwärtigkeit des Todes! Das Feuer hielt pausenlos bis zum Morgen an. Die Welt schien wie verändert. Feuer und Rauch rundum, ein zerhacktes Land, Häuser, zerhauene Straßen, schmorende Fahrzeuge und Tote. Trichter über Trichter. Jäh brach das Artilleriefeuer ab. Aus den Löchern krochen die Jäger hervor und hechelten nach frischer Luft. Tote und Verwundete wurden fortgeschafft, verschüttete Eingänge freigelegt und Kameraden geborgen. »Potzteufel!« sagte Hessler, »Man verlernt es, aufrecht zu gehen. Und gerade das unterscheidet uns vom Tier.«

Mit seinen langen Beinen stakste er im Gerümpel herum. »Züge und Gruppen Ausfälle melden!« Die Verlustzahlen wurden ihm zugerufen und er nickte ernst. Zielke schimpfte, weil er keine Verbindung kriegte, weder per Telefon noch per Funk. »Schlafen immer, die Brüder.« »Fliegeralarm!« Jemand hatte den Pulk entdeckt, der sich gravitätisch über der Rauchwand näherte. Sofort schlüpfen die Soldaten wieder in ihre Löcher und verrammelten die Eingänge. Minuten später krachten die Bomben und zermalmten zum wiederholten Male Gemäuer und Geröll. Wo Haufen lagen, entstanden Trichter, aus Mulden wurden Berge. Ganze Gruppen von Soldaten wurden eingestampft und begraben. Schübe loser Erde setzten darüber. Aus, vorbei! Jeschke drehte durch, schlug um sich und wollte hinaus. Er schrie wie irre. Winter packte ihn und zwang ihn auf die Bank, wo er ihn festhielt. Oben wuchteten die Detonationen in auf- und abebbendem Lärm und jeder Schlag konnte voll treffen und den Tod bringen. Schreiber starrte wie alle anderen in dieser Stunde auf einen Punkt irgendwo, als käme von dort Rettung oder Erlösung und seine Gedanken schwammen zwischen Wachsein und Dämmerschlaf. Abschalten! Dazu zwang sich jeder Mann. Nicht vorzustellen versuchen, was passiert, wenn eine Bombe voll trifft – das bringt einen an die Grenze des Wahnsinns.

»Bete!« sagte Winter plötzlich und fing von Schreiber einen überraschten Blick ein. »Bete, wenn es dir hilft. Das ist keine Schande.« Jeschke nickte und sah den Oberjäger dankbar an, der ihm die Hand auf die Schulter legte. Drei Stunden hockten Winter und seine Männer wie alle anderen am Monte Cassino zwischen Hoffen und Bangen in den dürftigen Kellern, dann zogen die Flugzeuge ab. Unvorstellbare Wüsten blieben zurück. Ein Großteil von Hesslers Kompanie fehlte – begraben unter dem Schutt. Wenige nur wurden noch geborgen, die meisten waren schwer verletzt und wurden zu Tal gebracht. Die Überlebenden sammelten sich, bargen ihre Waffen und das Gerät. Jeschke erbrach sich und weinte dabei. Erschöpft, mit zitternden Händen, hockte er sich auf die Erde und ließ den Kopf hängen. Schreiber stupste ihn sachte an: »Komm, steh' auf. Gleich geht's los.« »Was denn noch?« In Jeschkes Blick stand helle Verzweiflung. »Was noch?« Schreiber konnte diesen Blick nicht ertragen und wandte sich ab. »Der Angriff der Infanterie. War ja nur das Vorspiel. Jetzt fängt es erst an.« »Nein!« schrie Jeschke auf. »Nein! Oh, mein Gott!« Oberleutnant Hessler trat heran: »Jeschke, hören Sie?« Er redete ganz leise. Fasste den Gebrochenen unter dem Arm und zog ihn hoch. Führte ihn ein Stück fort.

»Söhnen Sie sich endlich mit Ihrem Schicksal aus, auch mit dem Tod, wenn es sein muss. Wir alle lieben unser Leben, ich auch. Seien Sie tapfer.« »Sie kommen, Herr Oberleutnant«, rief Winter, der aus den vielfältigen Geräuschen den Lärm von Panzermotoren ausmachte. »Ja! In Stellung, los!« Zu Jeschke sagte er: »Mach's gut, Junge, bis später!« Die Männer rafften ihr Zeug an sich und schafften sich Schussfeld, legten Waffen und Munition bereit. Dann warteten sie auf den Feind, bereit zu kämpfen. Jeschke war in ihre Gemeinschaft aufgenommen worden. Wachtmeister Zielke fluchte, weil sich die Batterie nicht meldete. Er konnte nicht wissen, dass sie von Bomben vernichtet worden war. »Dann eben nicht«, fluchte er, »Schmieder, Jentsch,

nehmt eure Waffen, wir gehen mit in Stellung.«
Der kleine, geschundene Haufen am Monte Cassino wartete auf die letzte Schlacht... Deutsche
Nebelwerfer nahmen währenddessen den Feind
unter Feuer und Sekunden später schraubten
sich die Granaten in den Fluss und ins Ufer.
Boote sackten wie Steine weg. Tote und verwundete Feinde trieben mit der Flut davon.
Spitze Schreie wehten verloren in den Lärm.
Leuchtkugeln zitterten am Himmel, Handfeuerwaffen bellten. Im Spurt ging es die Höhe hinauf, die im Nu taghell erleuchtet war. MG-
Garben zischten herab, Handgranaten krachten.
Trichter, Löcher, Steine, Pfähle, Mauerbrocken
und Drahtgewirr überzogen in Sichtweite den
Hang und irgendwo aus dieser Mondlandschaft
hackten Schüsse heraus.

Weiße, grüne und rote Leuchtkugeln erhellten
die Dunkelheit und ließen im schnellen Wechsel
das Gelände in immer neuem Licht erscheinen.
Lautlos fielen einige der Angreifer getroffen auf
die Gesichter, die anderen setzten verbissen
über die Toten hinweg und stürmten weiter.
Eine Welle nach der anderen wurde erfolgreich
abgewehrt, bis die Franzosen beim fünften Versuch in die erste deutsche Stellung einbrachen.
Dieser Abschaum machte keine Gefangenen,
glücklicherweise waren die deutschen Opferzahlen
gering, da vielen die Flucht gelang. Nach Mitternacht setzte der Feind dann zum Sturm auf
die Klosterruinen an, die im Mondlicht glänzten.

Auch die Polacken waren an der Seite der Franzosen angekommen und unterstützten diese. Eine unheimliche Stille lag über dem gesamten Berg. Leuchtkugeln baumelten wie aufgehängte Laternen am Firmament und der Mond tauchte den Monte Cassino ebenfalls in sein Licht. Oberleutnant Hessler und seine Männer lagen auf der Lauer. Sie ließen den Feind rankommen und wollten den Überraschungsmoment ausnutzen. Kurz vor Winter schlich ein Pole den Berg hinauf. Winter musste ihn ausschalten, doch so leise wie möglich, dass die restlichen Feinde nicht gewarnt wären. Winter schlug blitzschnell mit dem Kolben seines Gewehres zu und sein Opfer, der Polacke konnte nicht einmal mehr einen Warnschrei abgeben.

Stumm sackte er weg und blieb bewusstlos liegen. Geübt hielt ihm Winter den Mund zu und brach ihm im selben Augenblick mit einem kurzen Ruck das Genick. »Gut gemacht Winter! Weiter warten!« flüsterte Oberleutnant Hessler leise und beobachtete, die MP im Anschlag, wie die Feinde sich abmühten, ungesehen hochzukommen. Schreiber kauerte längst hinter dem MG, der Kolbenlag in der Schulter, der Finger am Abzug. Jeder Mann war abwehrbereit, Handgranaten reihten sich auf der Grabenbrüstung, Spatenblätter blinkten im Mondlicht. Jeschke flatterten die Hände, er biss die Zähne zusammen, um nicht aufzuschreien. Winter sah immer wieder zu ihm hinüber und nahm sich vor, ihn sofort am Schreien zu hindern. Erfolg oder Misserfolg der Abwehr konnten davon abhängig werden. Der Feind war noch etwa 50 Meter entfernt und musste sich fragen: »Ist da oben jemand oder nicht?« Die Friedhofsstille war gespenstig und die Nerven jeden Mannes waren zum Zerreißen gespannt. Der Soldat Jeschke rang mit sich. Der Gedanke, auf einen Menschen zu schießen, erschien ihm schauderhaft. Jeschke war noch immer unentschlossen, als Franzosen und Polen schon auf Handgranatenwurfweite heran waren. »Warten!« sagte Hessler. Winter nickte. Er begriff das. Je länger sie warteten, desto wirkungsvoller wurde die Abwehr. Die Minuten des Wartens schienen endlos, und sie zerrten weiter an den Nerven.

Hessler griff nach den Handgranaten und schraubte die Kappen ab. Seine Männer taten das gleiche. »Fertig?« Winter nickte. Die Feinde waren sehr nahegekommen und begannen zu rennen. Sie wollten in den Graben stürmen. »Feuer!« rief Hessler, dass der Ruf weithin schallte und die Angreifer entsetzt innehielten. Handgranaten sausten hinunter, kollerten in Sprüngen zu Tal, MG - und Gewehrfeuer peitschte ohne Gnade los. Es hämmerte pausenlos von der Höhe herab. Die Körper der Angreifer wurden von den Geschossen und Granaten regelrecht zerfetzt. Bis auf den letzten Mann starben alle Mann dieser Angriffswelle an der Kuppe des Monte Cassino. Das Schicksal kannte keine

Gnade mit diesen Männern die vorher keine Gefangenen machen wollten. Die nächste Welle kroch heran, pirschte sich von Deckung zu Deckung, um dem gezielten Feuer auszuweichen. Im Vorfeld der Stellung war auch dieser Anlauf zu Ende. In Trichtern verschanzt, erwiderten die Franzosen das Feuer und warteten, bis wieder Verstärkung nachzog. Den Polen erging es nicht besser. Festgenagelt am Berg, konnten sie nicht vor und auch nicht zurück. Jeder Versuch, den Kopf hochzunehmen, wurde mit einem Schuss von den Deutschen geahndet. Jeschke hatte geschossen und getroffen. Fassungslos starrte er auf die Stelle, wo der Franzmann gefallen war. »Nimm deine Rübe runter!« fauchte Winter. »Bist wohl lebensmüde, was?« Jeschke fand so wieder in die Wirklichkeit zurück.

»Feuer!« befahl Hessler, und sie wehrten die zweite Welle der Angreifer ebenfalls ab. Jeschke hielt sich unbewusst an das Gesetz des Krieges: Du oder ich! »Wie lange werden wir halten können?« fragte Zielke in einer Feuerpause. Hessler zuckte die Achseln: »Laut Führerbefehl, bis der letzte von uns fällt.« »Oder bis die Muni ausgeht.« Zielke kroch in sein Loch zurück. »Schmieder, Verbindung? Rufen Sie, kurbeln Sie jede Frequenz ab, bis sich irgendjemand meldet. Irgendwer wird doch für uns noch Befehl geben können. Unsere Muni geht zu Neige, die Verwundeten sterben.« Schmieder kauerte in Deckung und funkte. In Abständen griffen die

Franzosen immer wieder an, ohne die Stellung nehmen zu können. Langsam wurde es hell. Die Jäger kämpften mit dem Schlaf, dösten und schossen, wenn der Gegner kam. Panzerschokolade wäre jetzt was dachte sich Hessler, der schon in Frankreich mit dabei war. Wie lange würde das so weitergehen? Das fragte sich jeder, aber keiner wusste eine Antwort darauf. Es sollten Tage vergehen in diesem Zustand, doch Hesslers Kompanie beherrschte noch immer die Klosterruinen auf dem Monte Cassino. In immer neuen, wütenden Angriffen hatten die Alliierten versucht, die Stellung zu nehmen, vergeblich. Bomben und Granaten trommelten, pflügten Boden und Steine immer wieder um, aber als dann die Infanterie stürmte, schlugen die Jäger jeden Angriff ab.

Hesslers Häuflein Kämpfer schrumpfte zusehends zusammen. Tag und Nacht hockten sie in den Löchern, unrasiert, dreckig, abgerissen. Es mangelte an Munition und Verpflegung, spärlich nur sickerte das Notwendigste in den kurzen Kampfpausen auf Schleichwegen in die Stellung. Tote lagen im Trichterfeld, die nicht geborgen werden konnten, Verwundete kauerten in den wenigen, noch intakten Kellern und hofften auf den Abtransport. Wer Hände hatte, ein Gewehr zu führen, lag in der Stellung. »Jeschke, wie?« fragte Oberleutnant Hessler. Blonde Stoppeln sprossen aus den hohlen Wangen. Die Augen waren gerötet von Rauch und Übermüdung.

»Noch immer Ärger mit philosophischen und romantischen Gedanken?« »Nein!« »Hm!« Er nickte Jeschke zu und wandte sich an Zielke. »Was Neues?« »Ja. Die Batterie ist bald alle, aber wir können uns gerade noch verständigen mit dem Bataillon. Die Lage sieht wie folgt aus: Briten im Liri-Tal im Vormarsch. Wir drohen abgeschnitten zu werden, wenn es dem Gegner gelingt, die Hitler-Stellung zu durchbrechen. Stündlich muss damit gerechnet werden.« »Hm. Böse Sache.« Hessler holte seine verknitterte Karte aus dem Stiefelschaft, glättete sie auf den Knien und sagte: »Das wäre hier: Volsci. Dort wurde gestern angegriffen, auch an der Küste bei Terracina. Möglich, dass sich die Spitze der Fünften mit den Landetruppen schon getroffen hat.«

Er faltete das Blatt zusammen und steckte es fort. »Für uns ergibt sich dann nur die Wahl: Aufgeben oder abhauen!« Zielke nickte: »Wie immer: Hält die Mitte, brechen die Flanken. In Russland haben wir diese Taktik exerziert, mit Erfolg. Meine Batterie ist im Eimer und ich sitze mit den Funkern bei euch. Bin neugierig, was daraus werden wird.« »Irgendwie geht's immer weiter.«

Den ganzen Tag über brannte die Sonne, und die Steine strahlten die Hitze ab. Den Männern klebte vor Durst die Zunge im Rachen. Die Wasserreste in den Feldflaschen waren lau und schmeckten schal. Nachmittags griffen Bomber an und wüteten eine volle Stunde lang. Zurück blieb ein Rauchvorhang, der sich nur zögernd auflöste. Dann kam Infanterie in drei Wellen, wurde abgewehrt und zog wieder ab. Artillerie schoss zwei Stunden lang auf die Bergkuppe ein, wieder gefolgt von einem Infanterieangriff. Jeschke war tot. Mit einem Kopfschuss fiel er in sein Loch hinab, gerade als Zielke die Nachricht brachte abzuhauen! Winter konnte es nicht fassen: »Abhauen? Mann, seit Monaten halten wir den Berg und nun einfach fortgehen?«

»Kannst ja hierbleiben«, sagte Schreiber sarkastisch. »Kannst den Amis als Fremdenführer das Kloster zeigen.« Winter wandte sich ab, nahm den Spaten und buddelte für Jeschke ein Grab. Hessler hockte zusammen mit Zielke im Loch. Sie berieten den Rückzug, legten den Weg fest und die beste Art, sich ungesehen vom Feind zu lösen. Es dunkelte schon stark. Hessler ließ durchgeben: Abmarsch 23.00 Uhr! Träger mit den Verwundeten in Begleitschutz eine halbe Stunde früher. »Verstehen Sie was von Sprengungen?« fragte Hessler den Wachtmeister. Der nickte. Beide kramten die letzten Vorräte an Munition und Handgranaten hervor, dann bereiteten sie Ladungen vor. Hinter Mauerresten und in Trichtern brachten sie sie unter und verbanden sie mit Zündschnüren. »Wenn jetzt die Ari reinhaut?« »Schießt wie immer, erst nach elf«, sagte Zielke. An allen Stellen, wo der Feind zuerst zu erwarten war, brachten sie Ladungen unter, um Zeit für den Rückzug zu finden. Die Männer warteten ungeduldig und sahen in kurzen Abständen auf die Uhr. Wie immer, wenn eine entscheidende Wende im Frontalltag eintrat, machte sich die Ungeduld breit. Es regnete schwach. Aus dem Gras stieg Dunst hoch. Manchmal klang ein Geräusch herauf, wenn sich beim Feind unten etwas bewegte. Der Feind lag inzwischen kaum auf Handgranatenwurfweite entfernt. Die Jäger fanden nichts mehr dabei, denn seit Tagen war das so.

Irgendwann würde plötzlich ein Stoßtrupp auftauchen, in die Stellung einzudringen versuchen und wieder abziehen! Am Monte Cassino nichts Neues! 22.30 Uhr ging der Vortrupp mit den Verwundeten ab, ein Feldwebel führte ihn an. Hessler gab ihm Instruktionen: »Vorsichtig sein! Solltet ihr Feindberührung haben, verschanzt euch und wartet auf uns. Bloß nichts riskieren.« Der Feldwebel grüßte und gab das Handzeichen. Die Reihe versickerte talwärts in der Dunkelheit. »So geht das«, sagte Winter. »Monatelang ist ein Berg militärisch wichtig, plötzlich nicht mehr. Viele sind hier gefallen und jetzt ziehen wir einfach ab.« Es war knapp vor 23.00 Uhr. Die Männer legten ihr Zeug zurecht, luden die Waffen durch und stiegen aus den Löchern. Ein letzter Blick zum Feind hinunter, dann nichts wie weg. Hinter einem Mauerstück des ehemaligen Refektoriums sammelten sie sich. Dann kam Oberleutnant Hessler. »Alles fertig? Passt auf.« Er gab den Weg, Gliederung und Sicherung bekannt. »Parole: Görlitz. Falls einer verschüttet geht.« Zielke hetzte umher und steckte die Zündschnüre an, schaute sich noch einmal prüfend um und schnaufte dann: »Fertig. Von mir aus können wir.« Hessler hob die Hand. Los! An der Spitze der armseligen Schar stieg er bergab. Der Pfad war jedem der Männer bekannt, weil sie des Nachts dort hinunter zum Essenholen gingen, aber Hessler pirschte sich trotzdem behutsam tiefer, hielt und horchte.

Die Soldaten trugen ihre Waffen an der Hüfte und beobachteten nach allen Seiten. Es war sehr still. Der Regen kratzte in den Sträuchern. In der Ferne blinkten Leuchtkugeln und manchmal grummelten Artillerieeinschläge. Auf halbem Wege rutschte Winter aus und sein Brotbeutel polterte vor ihm her in die Felsen. »Mein Bild!« rief der Oberjäger noch und hastete hinterher. Ein Schrei gellte herüber. Mit einem Ruck stand die Reihe. Was war passiert? Das war Winters Stimme. »Wartet hier! Sichert! Drei Mann mit mir!« Hessler lief los, Schreiber setzte mit Kaune und Möller hinterher. Sie stiegen über Geröll und Steine, zwängten sich durch Sträucher. »Winter!« Nichts! Sie suchten weiter und hielten die Finger am Abzug. Möglicherweise trieben sich Goumiers herum. Hessler zuckte entsetzt zusammen. Der Schreck schlotterte ihm noch in den Beinen. Vor ihm fiel der Fels steil ab und um ein Haar wäre er selbst abgestürzt. »Winter«, sagte er leise »...ist sicher hier runtergefallen.« meinte Schreiber. Nach einigen Umwegen drangen sie bis zur Sohle vor und fanden den Oberjäger. Den Wäschebeutel hielt er noch in der Faust. »Das Bild«, sagte Schreiber. »Jeschke hat ihn porträtiert. Und Winter hat vom Berg nicht fortgewollt. Jetzt bleibt er doch für immer da.« Sie beeilten sich und trugen Steine zusammen, die sie über dem Toten in der Felsspalte aufhäuften.

Hessler sagte ein paar Worte über den toten Kameraden, dann stiegen sie aus dem Kar hinaus. Der Tod war nichts Ungewöhnliches oder Schreckhaftes mehr für diese Männer, die täglich mit ihm umzugehen hatten. Fortgegangen war ein guter Kamerad, der eine lange, spürbare Lücke hinterlassen würde. Einer wie so viele andere die ihr Leben ließen, an einem Ort fern der Heimat, die sie schützen wollten. Der Abstieg verlief von nun an ohne Zwischenfälle und gegen 01.00 Uhr meldete Hessler seine Männer beim Bataillonskommandeur. Lastwagen standen bereit um die Soldaten aufzunehmen. Wenig später schon verließen die Fahrzeuge das Dorf in Richtung Norden, irgendwohin zu neuem Einsatz. Kaum, dass die Jäger untergebracht waren, schliefen sie schon. Tagelange Entbehrungen jeder Art hatten jedem einzelnen das Letzte abverlangt, mehr als ein Mensch zu ertragen vermag. Für sie hatte die vierte und letzte Schlacht am Monte Cassino ihren Abschluss gefunden. Schreiber sah durch einen Schlitz in der Plane in die Dunkelheit hinaus und wie durch Zufall pendelte eine feindliche Leuchtkugel über dem Berg. Die Ruinen des Klosters standen als Scherenschnitt vor dem hellen Himmel. »Monte Cassino«, sagte Schreiber für sich, »unser Berg«

ENDE

Deutsche Kriegsgräberstätte Cassino

via 03043
Via Case Nuove 2
03043 Caira FR
Italien

Etwa 3 Kilometer nördlich der Stadt Cassino liegt der deutsche Soldatenfriedhof Cassino. Er birgt alle deutschen Soldaten, die im südlichen Teil des italienischen Festlandes gefallen sind, und zwar etwa südlich der Linie Pescara-Terracina. Es sind somit zum größten Teil die Toten aus den Kämpfen um den Landekopf im Golf von Salerno, den Rückzugskämpfen an der adriatischen Küste (insbesondere im Raum von Ortona), im Vorfeld von Cassino sowie aus dem harten Ringen im Kampfraum um Cassino selbst.

Im deutsch-italienischen Kriegsgräberabkommen, das im Dezember 1955 zwischen der Bundesregierung und der italienischen Regierung geschlossen wurde, war vereinbart worden, in der Nähe von Cassino einen endgültigen deutschen Soldatenfriedhof anzulegen, der alle im süditalienischem Raum gefallenen deutschen Soldaten aufnehmen sollte. (Mit Ausnahme von Sizilien, dass bei Catania eine eigene Ehrenstätte für die auf der Insel Gefallenen erhalten hat).

Hier haben die deutschen Kriegstoten das ewige Ruherecht. Ihre Zahl beläuft sich auf 20.076. Sie wurden in den Jahren 1959 und 1960 durch die Umbetter des Volksbundes aus zahllosen kleineren Friedhofsanlagen und aus verstreuten Feldgräbern geborgen. Hierbei sammelten die Umbetter oft in mühseliger Kleinarbeit alles, was zu einer Identifizierung der bisher unbekannten Toten beitragen konnte.

Wer den Ort Cassino verlässt, um den deutschen Soldatenfriedhof zu besuchen, erblickt schon von weitem die flache Kuppel eines etwa 50 Meter hohen Hügels, des Colle Marino, auf dessen südlichem Ausläufer sich die weitgedehnte Terrassenanlage hinstreckt.

Der deutsche Soldatenfriedhof Cassino wurde in den Jahren 1959 bis 1964 vom Volksbund Deutsche Kriegsgräberfürsorge e.V., mit Hilfe der Bundesregierung Deutschland und mit Förderung durch die Regierung der italienischen Republik errichtet.

Über einen breiten, hangaufwärts führenden Weg gelangt der Besucher zum in Würfelform gestalteten Eingangsbau. Durch ein nach dem Himmel zu offenes Rechteck fällt das Tageslicht auf eine Plastik, die „Trauer und Trost" darstellt.

Von dieser Halle aus betritt der Besucher die große Gräberanlage, die durch mehrere ellipsenförmig umlaufende Terrassen gebildet wird. Starke Stützmauer aus Travertin-Schichtmauerwerk trennen die einzelnen Terrassenfelder, zwei breite, radial zur Kuppe führende Wege und schmale Treppen stellen die Verbindung zwischen ihnen her. Die Grabflächen sind mit Johanniskraut (Hypericum) bepflanzt; steinerne Kreuze aus Travertin nennen auf beiden Seiten die Namen, Dienstgrade und Lebensdaten von je drei Toten. Zypressen stehen wie feierliche Wächter hier und dort an den Seiten der Gräber.

Auf der Bergkuppe erhebt sich ein 11 Meter hohes Kreuz aus Schmiedebronze. Dahinter liegen die Kameradengräber. Große Steinplatten verzeichnen die Namen derer, die mit Gewissheit unter den hier bestatteten Unbekannten ruhen. Hinter den Kameradengräbern steht auf steinernem Sockel in einem vergitterten Gehäuse eine geweihte Lampe, die S. Heiligkeit, Papst Paul VI, dem deutschen Soldatenfriedhof gestiftet hat Von hier aus hat der Besucher einen freien, ungehinderten Blick hinunter in das im 2. Weltkrieg heftig umkämpfte Tal und zu den Bergen ringsum.

2014 wurden in der Gedenkhalle 7, Namentafeln für 911 Tote, die auf diesem Friedhof "unter den Unbekannten" ruhen, angebracht.

DER MAHNUNG ZUM FRIEDEN!

Über den Autor

Sehr geehrter Leser,

mein Name ist Walter Mönch, Autor von „Zweiter Weltkrieg Erlebnisbericht" und ich hoffe, dass Sie mit meiner Arbeit zufrieden sind. Kritik ist Teil des Lernens, des besser Werdens und des Erfolges. Ich verstehe diese als Anregung mich stätig zu verbessern. Deswegen unterstützen Sie mich bitte durch Ihre Anregungen und konstruktive Kritik. Ich schreibe meine Bücher in meiner Freizeit und hoffe Ihnen damit eine Freude zu machen.

Einige Episoden des Buches hat mein Vater genauso erlebt wie beschrieben. Ihm und den vielen namenlosen seiner Generation, widme ich meine Buchreihe. Manche Passagen meiner Bücher sind in meiner Fantasie entstanden, manche angelehnt an Gedächtnisprotokolle von Frontkämpfern. Ich bitte dies zu entschuldigen.

Ich habe keine Unterstützung durch einen Verlag oder Lektoren. Besonders deswegen seien Sie bitte so freundlich und nehmen sich fünf Minuten Zeit für eine Bewertung auf Amazon. Für mich ist das die einzige Möglichkeit eine Beurteilung zu erhalten um mich zu verbessern. Die Hälfte der Erlöse der Buchreihe spende ich an den „Bund der Vertriebenen" und den „Volksbund deutsche Kriegsgräberfürsorge e.V."

Vielen Dank – Ihr Walter Mönch!

Quellenverzeichnis

H.G.Dahms: Geschichte des Zweiten Weltkrieges

‚Akten zur deutschen Auswärtigen Politik 1918 bis 1945. Aus dem Archiv des Auswärtigen Amtes; Serie D (1937-1945), Bd. I bis VII, Baden-Baden ff. (zit.: AdAP)

W. Hofer: Die Entfesselung des Zweiten Weltkrieges. Frankfurt a. Main 1960 (zit.: Hofer)

W. Hubatsch: Hitlers Weisungen für die Kriegsführung 1939-1945. Dokumente des Oberkommandos der Wehrmacht, Frankfurt a. M.

Documents on International Affairs 1939-1946, Vol. II. Hitler's Europe, selected and edited by M. Carlyle, issued under the auspices of the Royal Institute of International Affairs. London, New York, Toronto 1954 (zit.: DIA)

Joachim C. Fest: Das Gesicht des Dritten Reiches

Veit Scherzer: Ritterkreuzträger 1939–1945. Die Inhaber des Eisernen Kreuzes von Heer, Luftwaffe, Kriegsmarine, Waffen-SS, Volkssturm sowie mit Deutschland verbündete Streitkräfte nach den Unterlagen des Bundesarchivs. 2. Auflage. Scherzers Militaer-Verlag, Ranis/Jena 2007, ISBN 978-3-938845-17-2, S. 240

Kurt von Priesdorff: Soldatisches Führertum. Band 8, Hanseatische Verlagsanstalt Hamburg, o. O. [Hamburg], o. J. [1941], DNB 367632837, S. 384, Nr. 2658

Klaus Hildebrand: Das vergangene Reich, München 2008, S. 586–590

Böhmler, Rudolf (1964). Monte Cassino: a German View. London: Cassell. OCLC 2752844

David Hapgood, David Richardson: Monte Cassino: The Story Of The Most Controversial Battle Of World War II. Da Capo Press, ISBN 978-0-306-81121-0. (engl.)

Ronald Schaffer: Wings of judgment – American Bombing in World War II, Oxford 1985, ISBN 0-19-505640-X, S. 51ff.

Forty, George (2004). Battle For Monte Cassino. Ian Allan Publishing. ISBN 0-7110-3024-3

Clark, Lloyd (2006). Anzio: The Friction of War. Italy and the Battle for Rome 1944. London: Headline Publishing. ISBN 978-0-7553-1420-1

Georg Tessin: Verbände und Truppen der deutschen Wehrmacht und Waffen-SS im Zweiten Weltkrieg 1939 - 1945 - Vierzehnter Band: Die Landstreitkräfte: Namensverbände / Die Luftstreitkräfte (Fliegende Verbände) / Flakeinsatz im Reich 1943 – 1945

E. Busch: Die Fallschirmjäger-Chronik 1935 - 1945 - Die Geschichte der Deutschen Fallschirmtruppe, Podzun-Pallas-Verlag 1983

www.ingramcontent.com/pod-product-compliance
Lightning Source LLC
Chambersburg PA
CBHW052102150726
48002CB00006B/2189